Liebe Simone,

natürlich konnte (auch?!) ich es
mir nicht verkneifen etwas geist-
reiches zum Thema „Ehe" bei-
zutragen!
Aber in erster Linie wünsche ich
Dir/Euch viel Glück und Spaß!,

Maled

Der Autor

Roland Bickmann, geboren 1955, ist Inhaber einer Unternehmensberatung in Neckargmünd und beschäftigt sich überwiegend mit der Corporate Identity und Corporate Culture. Neben zahlreichen Artikeln in Fachzeitschriften ist er auch Mitautor des Buches «Die multimediale Gesellschaft» (1993, Campus Verlag).

Roland Bickmann

Ein Tag wie der andere

Szenen einer Ehe

rororo

Rowohlt

Originalausgabe
Veröffentlicht im Rowohlt Taschenbuch Verlag GmbH,
Reinbek bei Hamburg, Mai 1994

Redaktion Manuela Heise
Umschlaggestaltung Barbara Hanke und Nina Rothfos
(Foto Letraset Phototone)
Satz Garamond und Optima (Linotronic 500)
Gesamtherstellung Clausen & Bosse, Leck
Printed in Germany
990-ISBN 3 499 19637 9

Ein Tag wie der andere

Mit Dank an alle,
die an der Entstehung dieses Buches
beteiligt waren.

Für meine Freunde
MiFi und GoFi

Erster Tag

Es ist 6 Uhr 50, und der Wecker klingelt. Helga Wipperfürth wacht auf und springt aus dem Bett. Ihr erster Weg führt in die Küche, um die Kaffeemaschine anzustellen. Sie ist noch etwas verschlafen, geht ins Bad und taucht das Gesicht in eine Handvoll kaltes Wasser. Schlaftrunken wankt sie zurück in die Küche, stützt sich gegen die Anrichte und wartet, bis der Kaffee durchgelaufen ist.

Es ist 7 Uhr. Helga füllt zwei Tassen mit Kaffee und geht zurück ins Schlafzimmer. Hans Wipperfürth schläft immer noch. Sie stellt die beiden Tassen auf die Nachtkonsole und zieht den Rolladen hoch. Heute ist es sehr dunstig. Sie kniet sich ans Bett, drückt ihrem Hans einen Kuß auf: «Hans, es ist Zeit zum Aufstehen. Es ist schon 7 Uhr.» Hans murmelt etwas in seinen Bart. Wie jeden Morgen ist er ein bißchen unwirsch.

Helga nimmt die Kaffeetasse und reicht sie Hans. Er dreht sich schlaftrunken um und murmelt: «Guten

Morgen, Liebling.» Beide schlürfen schweigend ihren Kaffee.

Um 7 Uhr 05 steht Helga auf und sagt: «So, Hans, es wird Zeit, daß du dich fertig machst.» Helga holt ihren Bademantel aus dem Bad, wirft ihn sich über und geht in die Küche, um für Hans und ihren Sohn Björn – Björn ist nun schon acht Jahre alt – das Frühstück vorzubereiten.

Inzwischen ist Hans aufgestanden und ins Badezimmer gegangen. Helga huscht kurz hinter ihm hinein, um ihm seine Socken und eine frische Unterhose zu bringen.

Gegen 7 Uhr 20 klopft sie an die Badezimmertür und sagt: «Hans, Liebling, es wird aber höchste Zeit. Ich möchte nicht, daß du immer so gehetzt frühstückst. Wenn der Tag so anfängt...» Sie macht sich Sorgen um die Gesundheit ihres Mannes.

Kurz danach kommt Hans aus dem Bad, murmelt noch einmal «Morgen» und geht ins Schlafzimmer. Helga hat dort inzwischen ein weißes Hemd, den Anzug und einen passenden Schlips bereitgelegt; Hans zieht sich an.

Mittlerweile ist das Frühstück fertig und Hans geht in das Eßzimmer, das unmittelbar neben der Küche liegt. Schweigend setzt er sich an den Tisch und fängt an, die Morgenzeitung zu studieren.

Helga schenkt Hans noch einmal Kaffee nach und geht dann ins Kinderzimmer, um Björn zu wecken.

Björn ist genau wie sein Vater: Mehrmaliges Rufen hilft nicht. Zärtlich versucht Helga, ihren einzigen Sprößling zu wecken, dieser murmelt undeutlich vor sich hin und will weiterschlafen. Nachhaltiges Rütteln sorgt dafür, daß Björn sich umdreht und dann brummelnd ins Bad schlurft. Helga geht zurück ins Eßzimmer und sieht dort, daß Hans den Feuilletonteil der Zeitung überschlagen hat, also mit der Tageszeitung fertig ist.

Es ist inzwischen 7 Uhr 40. «Na, dann wollen wir mal», meint Hans, steht auf, geht an die Garderobe, zieht sich seinen Mantel über, und schon ist er aus der Doppelhaushälfte verschwunden.

Seit sie den neuen Opel Omega besitzen, gibt es morgens nicht mehr das Problem, ob der Kadett anspringt oder nicht.

Es ist nun auch höchste Zeit für Hans, denn er muß um 8 Uhr 15 anfangen zu arbeiten. Er ist studierter, promovierter Physiker und arbeitet in einem mittelgroßen Softwarehaus als Abteilungsleiter. Er ist dort für die Systemprogrammierung zuständig – fürwahr eine anstrengende Beschäftigung.

Helga steht auf, klopft nun heftig an die Badezimmertür und treibt den Jüngsten an. Björn ruft mürrisch: «Ich komm ja schon.»

Die Badezimmertür öffnet sich, Björn kommt heraus und geht in sein Zimmer.

In der Zwischenzeit hat Helga Gelegenheit, für ihren Sohn zwei Pausenbrote zu bestreichen und in Stanniolpapier einzupacken.

Björn kommt mit offenen Turnschuhen, Jeans und einem Sweatshirt zum Frühstück, greift seinen Toast und ißt genauso schweigsam wie Hans.

Helga fragt: «Hast du alles für die Schule?» Björn nickt und mampft vor sich hin.

Es ist jetzt 7 Uhr 55 und höchste Zeit für Björn, das Haus zu verlassen, denn die erste Stunde beginnt um 8 Uhr 10. Gott sei Dank steht die Doppelhaushälfte ganz in der Nähe der Schule, so daß Björn in 15 Minuten dort sein kann.

Die Schultasche ist gepackt, Helga steckt noch die Pausenbrote hinein, reicht ihm die Tasche, sorgt dafür, daß er die etwas wärmere Jacke anzieht, und verabschiedet ihn mit einem Kuß auf die Wange.

Nachdem die Haustür zu ist, lehnt sie sich mit dem Rücken an die Tür und atmet einmal ganz tief durch.

Helga geht langsam in das Eßzimmer und kommt endlich einmal dazu, selbst einen Toast zu essen und in Ruhe eine Tasse Kaffee zu trinken. Wie immer hat Hans die Zeitung auseinandergefleddert. Sie ordnet sie neu und beginnt, von vorne an zu lesen. Inzwischen fallen die ersten Sonnenstrahlen durch das Wohnzimmerfenster.

Helga steht auf, geht zur großen Balkontür, die zur kleinen Terrasse führt, und öffnet die Tür, damit etwas Luft ins Haus kommt. Sie geht zurück zum Eßtisch, schlürft genüßlich ihren Kaffee und liest die Zeitung.

Aber auch für Helga wird es höchste Zeit, denn Björn hat heute nur vier Stunden und wird gegen 12 Uhr 35 wieder zu Hause sein. In der Zwischenzeit ist so viel zu tun.

Schon um 8 Uhr 30 ist Helga mit der Zeitung fertig. (Helga liest die Zeitung anders als ihr Mann. Sie fängt mit dem Lokalteil an, Wirtschaft und Politik interessieren sie nicht so sehr.)

Helga steht auf, geht ins Bad und duscht erst einmal ausgiebig. Ihre sportliche Kurzhaarfrisur ist schnell gewaschen und geföhnt, so daß sie schon um 9 Uhr mit einem Sweatshirt und ihren neuen Jeans bekleidet das Haus verlassen kann. Bevor sie geht, vergißt sie nicht, den Frühstückstisch abzuräumen, damit es nicht so unordentlich aussieht – für den Fall, daß einmal überraschender Besuch kommen sollte.

Helga hat es nicht weit zum Kaufmann. Sie kann inzwischen, da es etwas wärmer geworden ist, mit dem Rad fahren und muß nicht mehr zu Fuß gehen.

Die Bedienung im Edeka-Markt um die Ecke kennt Helga Wipperfürth. Mit einem freundlichen «Guten Morgen» wird sie begrüßt.

Helga schlendert eher ziellos durch die Reihen und trifft ihre alte Schulfreundin Charlotte Nimbus. Charlotte hat gleich nach dem Schulabschluß ihren Markus geheiratet. In den ersten Jahren ihrer Ehe haben sich beide ganz auf die Karriere von Markus konzentriert. Doch nun, nachdem Markus als Hochschulprofessor in Amt und Würden ist, verbringen sie sehr viel Zeit miteinander. Markus hat zudem eine gute Hand in der Auswahl tüchtiger Assistenten. Und so hielten die beiden auch den Zeitpunkt für gekommen, nun ihren Sprößling in die Welt zu setzen. Bezeichnenderweise heißt er Benjamin.

Benjamin liegt im Wagen und quäkt herzzerreißend.

Helga und Charlotte unterhalten sich kurz darüber, was sie mittags machen wollen. Natürlich zeigt sich ganz deutlich, daß ihre Interessenlagen völlig unterschiedlich sind. Björn ist eben doch schon wesentlich älter als der Kleine von Nimbus.

Nach einem zehnminütigen Schwätzchen (‹Helga liebt den Kontakt zu anderen Menschen›) kauft Helga zügig ein. Ihr ist eingefallen, was sie Björn heute Mittag kochen wird.

Hans kommt mittags nie nach Hause. In seiner Firma

gibt es eine Kantine. Dort ißt er, wenn er überhaupt etwas ißt. Das bereitet Helga ein bißchen Sorge, denn die aufreibende Arbeit als Programmierer, bei der er mit vielen Menschen zusammenkommt, sorgt dafür, daß Hans oftmals sehr abgespannt ist. Dazu das unregelmäßige Mittagessen…

Helga macht sich auf den Weg zur Kasse. Gegen 9 Uhr 30 ist sie mit dem Einkaufen bei Edeka fertig. Nun muß sie nur noch zum Fleischer. Der Fleischer Merz ist höchstens fünf weitere Fahrradminuten entfernt. Auch hier ist Helga Wipperfürth bestens bekannt. Da das Geschäft heute sehr voll ist, muß sie zehn Minuten warten. Helga trifft im Fleischereigeschäft Hans Kampinski.

Früher waren die Wipperfürths einmal mit Kampinskis befreundet. Dann wurde Hans Kampinski arbeitslos, und man hatte den Eindruck, daß die beiden sich abkapseln. «Schade eigentlich», denkt sich Helga, «aber es ist immerhin noch soviel Interesse da, daß es zu einem freundlichen Plausch reicht.»

Um 10 Uhr ist Helga wieder zu Hause. Jetzt ist es Zeit, die Hausarbeit zu erledigen. Im Badezimmer schaut Helga in die Wäschetruhe, sortiert die Wäsche, geht dann in den Keller und stellt eine Maschine an. Zurück in der Küche, füllt sie die Spülmaschine, stellt fest, daß sie neues Salz braucht, füllt nach und setzt die Maschine in Gang.

Zwischendurch hat sie immer wieder Gelegenheit, kurz am Eßzimmertisch zu sitzen und einen Blick in die Zeitung zu werfen. Sie findet, daß eigentlich nichts Neues in der Zeitung steht, trotzdem möchte man ja gerne informiert sein.

So schreitet die Zeit voran, und es ist 12 Uhr 35.

Eigentlich müßte Björn schon lange aus der Schule da sein; er verspätet sich jedoch.

Um 12 Uhr 40 kommt er. Lautstark hört sie ihn im Flur, er zieht seine Jacke aus, wirft sie achtlos in die Ecke, kommt herein und knallt die Schultasche vor die Treppe.

«Na, wie war's denn in der Schule?» ist Helgas Frage. Björn brummelt irgend etwas in den noch nicht vorhandenen Bart, stöhnt, daß er heute wieder viele Hausaufgaben aufbekommen habe und daß man wegen der blöden Schule «zu gar nichts kommt».

Inzwischen ist das Essen fertig, und Helga sagt Björn, er möge ins Bad gehen, um sich die Hände vor dem Mittagessen zu waschen.

Helga geht in den Flur, hebt die Jacke auf und stellt mit einigem Entsetzen fest, daß Björn mit seinen schmutzigen Schuhen ins Badezimmer gelaufen ist. Sie ruft ihm zu, daß sie es satt habe, das Hausmädchen für die Männer zu spielen, und daß sie erwarte, wenn er dreckige Schuhe habe, daß er diese gefälligst ausziehen möge.

Björn sagt: «Ja, ja» und bringt sogar ein Wort der Entschuldigung über die Lippen.

Nach dem Händewaschen kommt er zu Tisch und schlingt das Essen in sich hinein. Schon nach wenigen Minuten ist er fertig. Helga selbst hat noch keinen Bissen herunterbekommen.

Jetzt steht Björn auf und fragt, ob er vor den Hausaufgaben noch einmal kurz mit zu seinem Freund gehen darf, der ohnedies vor der Tür auf ihn wartet. Helga sagt: «Du Bengel, aber in zwanzig Minuten sehe ich dich an deinem Schreibtisch.» Björn stürmt (‹er hat seine Schuhe immer noch nicht ausgezogen›) aus dem Haus.

Nun kann Helga endlich selbst etwas essen.

Nach zwanzig Minuten (!) kommt Björn wieder, und Helga schickt ihn in sein Zimmer. Er soll seine Hausaufgaben erledigen. Er weiß, daß sie sich mittags gerne ein Stündchen hinlegt. Daher vereinbaren sie eine Mittagsruhe bis 14 Uhr.

Björn trollt sich in sein Zimmer, und es wird ganz still im Haus.

Helga steht auf und geht leicht gähnend in die Küche, nimmt einen Teil des Eßgeschirrs mit, kommt noch einmal heraus, räumt ab, wischt den Tisch ab und verschwindet ins Elternschlafzimmer. Hier streckt sie sich auf dem Bett aus, gähnt noch einmal ausgiebig und ist schon nach wenigen Augenblicken eingeschlafen.

Punkt 13 Uhr 55 stürmt Björn ins elterliche Schlafzimmer. Helga fährt erschrocken hoch. Ihr Blick huscht zur Uhr: «Du nimmst es aber genau, mein Lieber; was willst du denn?» fragt sie ihren Sohn.

Dieser setzt sich auf die Bettkante zu seiner Mutter, um ihr zu sagen, daß er um 16 Uhr mit seinem Freund Thorsten verabredet sei und er sie nun dringend brauche, um die Hausaufgaben mit ihr zu besprechen bzw. zu korrigieren.

Eigentlich ist Helga noch todmüde, aber sie quält sich aus dem Bett und folgt Björn in sein Zimmer. Dort prüft sie alle Hausaufgaben. «Der Apfel fällt nicht weit vom Stamm», denkt sie, als sie die Lösung der Mathematikaufgaben sieht, «das hätte ich auch nicht besser machen können.»

Dann widmet sie sich dem Fach Deutsch. Björn hat eine Schreibübung zu erledigen. Sie sieht genauso aus, wie ihr Sohn desinteressiert an dem Fach ist. Helga versucht Björn deutlich zu machen, daß nicht nur naturwissenschaftliche Themen das Leben bestimmen, sondern es auch wichtig ist, sich in der deutschen Sprache auszukennen.

Schnell ist es 15 Uhr, und Helga hat Kaffeedurst. Sie setzt Kaffee auf, und Björn macht sich an die Fertigstellung seiner Hausarbeiten.

Während der Kaffee durchläuft, hat Helga Gelegenheit, die Blumen zu gießen, die gestern gebügelten Hemden in den Schrank einzuräumen und die Schuhe in den Schuhschrank zu stellen.

Es ist ungefähr 15 Uhr 15, als sich Helga mit ihrem Kaffee an den Eßtisch setzen kann und endlich dazu kommt, ihr Buch weiter zu lesen.

Punkt 15 Uhr 55 meldet sich Björn, um ihr mitzuteilen, daß er nunmehr wirklich mit den Hausarbeiten fertig sei, und knallt ihr drei Hefte auf den Tisch. «Ja, ja», kommentiert Helga, «du kannst ja schon gehen.»

Wie von einer Rakete getrieben, springt Björn in den Flur, zieht sich seine Jacke an und stürmt aus dem Haus. Sehr hörbar fällt die Tür ins Schloß.

Helga grinst und liest weiter. Das Telefon klingelt, es ist Hans. Er teilt ihr mit, daß er heute abend nicht wie üblich um 17 Uhr zu Hause sein kann, sondern es erst gegen 18 Uhr schaffen wird. Helga möge also die Tennisstunde absagen. Nachdem Helga den Hörer aufgelegt hat, vertieft sie sich wieder in ihr Buch.

Es ist inzwischen 16 Uhr 30 geworden. Helga denkt daran, daß sie langsam mit den Vorbereitungen zum

Abendessen anfangen müßte. Denn immer, wenn Hans nach Hause kommt, wird gemeinsam gegessen. Da es jedoch heute etwas später wird, hat sie etwas mehr Zeit und wechselt vom Buch vor den Fernseher.

Am späteren Nachmittag bringen die Privatsender immer diese von Helga so geschätzten Spielprogramme. Schon häufig kam ihr der Gedanke, ob sie sich nicht auch einmal freiwillig melden sollte. Die vielen tollen Sachen, die es zu gewinnen gibt, sind schließlich nicht ohne Reiz.

Wie im Fluge vergeht die Zeit, und es ist 17 Uhr. Nun muß Helga sich doch sputen.

Sie erhebt sich und geht schnell in die Küche und fängt an, das Abendessen vorzubereiten. Heute gibt es etwas ganz Einfaches, nämlich eine Vesper. Lediglich Tartar, hartgekochte Eier und Schwarzbrot.

Um 17 Uhr 45 hört sie Hans mit dem Wagen vorfahren. Sie schaut aus dem Küchenfenster und winkt ihm zu. «Abgespannt sieht er heute aus», findet sie und geht zur Haustür.

Sie macht die Tür auf und gibt ihm zur Begrüßung ein Küßchen auf die Wange.

«Huch», stöhnt Hans, «war das ein anstrengender Tag. Das System ist abgestürzt, und keiner wußte warum. Keiner konnte das Problem lösen. Meine Güte, was bin ich geschafft.»

Schlaff hängt er den Mantel auf, öffnet seine Schuhe, befreit sich vom «Kulturstrick», wie er zu sagen pflegt, und setzt sich erst einmal vor das Fernsehgerät. Für ihn bedeutet Fernsehen immer Entspannung. Man muß wirklich an nichts denken, wird berieselt und unterhalten. Dazu kommen um 18 Uhr die informativen Regionalprogramme auf RTL, und Hans hält es für wichtig, zu wissen, was in der unmittelbaren Umgebung passiert.

Während er sich seiner Entspannung hingibt, bereitet Helga das Abendbrot zu. «Wo ist eigentlich der Björn?» fragt ihr Mann. Helga antwortet, daß er mit seinem Freund Thorsten spielt. Langsam wäre es aber an der Zeit, daß er nach Hause käme. Helga wirft immer noch ab und zu einen Blick auf den Bildschirm. Schon zweimal hat sie einen Bekannten in einer Sendung entdeckt.

Es ist 18 Uhr 25.

Die Tür klappert. Björn kommt nach Hause. Wie immer geht Helga ihm entgegen. Ihr Blick sagt ihm sofort, was die Stunde geschlagen hat, und er zieht die Schuhe aus. Helga grinst und sagt: «Es wird aber höchste Zeit, junger Mann.»

Björn stürmt in das Wohnzimmer und gibt seinem Vater einen Kuß auf die Wange. «Hallo, Vati, heute wieder völlig kaputt?»

«Komm, mein Lieber, wenn du einen so anstrengenden Tag hinter dir hättest, dann wärst auch du froh, die Beine hochlegen zu können.»

Björn konzentriert sich sofort auf das Fernsehprogramm. Helga setzt sich rechts neben den Apparat, und während die Familie fernsieht, wird gegessen.

Mit halbvollem Mund murmelt Hans: «War irgend etwas Besonderes heute?» Helga antwortet zunächst gar nicht. Erst nach einer größeren Pause murmelt sie: «Nein, nichts.» – «Oh», ruft Helga erschrocken. «Ich habe völlig vergessen, unsere Tennisstunde abzusagen. Na ja, dann werde ich das morgen früh erledigen...»

Es folgen jetzt die 19-Uhr-Nachrichten, die die ganze Familie gespannt anschaut. – Das Essen ist vorangeschritten, und Helga fragt ihren Mann, ob er noch ein Bier wolle. Dieser nickt. Helga steht auf, um in den Keller zu gehen.

Hans trinkt jeden Abend so zwei, drei Bier. «Das hat er sich auch redlich verdient», denkt Helga und öffnet die Flasche.

Gegen 20 Uhr 30 spricht Helga Björn an und weist ihn darauf hin, daß es nunmehr Zeit sei, schlafen zu gehen. Morgen erwarte ihn wieder ein anstrengender Schultag. Björn brummelt, steht aber auf, gibt dem abwesenden Vater einen Kuß auf die Wange und verschwindet in sein Zimmer.

Nach fünf Minuten ruft Helga ihrem Sohn hinterher: «Björn... Zähne putzen...!»

Die Eltern Wipperfürth hören die Tür knallen, das Wasser laufen, die Tür knallen. Björn hat seine Zähne geputzt und liegt wieder im Bett.

Gegen 21 Uhr 45, kurz vor den Spätnachrichten, schaut Helga noch einmal nach ihrem Sohn. Dieser liegt im Bett, hat seinen Walkman auf und – schläft. Sie nimmt ihm die Kopfhörer ab, zieht die Decke bis über seine Schultern, gibt ihm einen Kuß, macht das Licht aus und verläßt auf leisen Sohlen das Kinderzimmer.

Hans gähnt und ist langsam ziemlich geschafft.

Helga setzt sich rechts neben ihren Ehemann und versucht sich anzukuscheln.

Hans steht heute nicht auf Zärtlichkeit und murmelt etwas in seinen Bart. Helga versteht dieses Zeichen und setzt sich wieder auf ihren Zweisitzer.

22 Uhr 10, nach dem heute journal, steht Hans auf und sagt laut gähnend: «Komm, mein Schatz, laß uns ins Bett gehen.» Beide erheben sich, gehen ins Bad, putzen sich schweigend die Zähne, ziehen sich aus, und Hans geht ins Bett.

Helga muß sich noch abschminken.

Als sie ins Schlafzimmer kommt, ist Hans schon so gut wie eingeschlafen. Sie versucht sich anzukuscheln, Hans brummelt und dreht sich zur anderen Seite.

«Dann eben nicht», denkt Helga und macht das Licht aus.

Wenige Augenblicke später ist Hans eingeschlafen, nur Helga ist noch wach. Sie ist eigentlich hellwach, dies und das geht ihr durch den Kopf.

Erst eine Stunde später gelingt es auch ihr, die Augen zuzumachen.

Zweiter Tag

Es ist 6 Uhr 50, und der Wecker klingelt. Helga Wipperfürth wird wach und steht auf. Sie fühlt sich heute etwas niedergeschlagen. Zuerst geht sie in die Küche, um die Kaffeemaschine anzustellen. Noch etwas verschlafen begibt sie sich ins Bad und erfrischt sich mit kaltem Wasser. Schlaftrunken wankt sie zurück in die Küche. Gegen die Anrichte gelehnt wartet sie, bis der Kaffee durchgelaufen ist.

Es ist 7 Uhr. Mit zwei Tassen Kaffee kommt Helga wieder ins Schlafzimmer zurück. Hans Wipperfürth schläft immer noch. Sie stellt die beiden Tassen auf der Nachtkonsole ab und zieht den Rolladen hoch. Heute sieht es schon wesentlich besser aus als gestern. Die Luft ist viel klarer. Sie kniet sich ans Bett, drückt ihrem Hans einen Kuß auf: «Hans, es ist Zeit zum Aufstehen. Es ist schon 7 Uhr.» Hans murmelt etwas in seinen Bart. Wie jeden Morgen ist er ein bißchen unwirsch. Schlaftrunken dreht er sich um und nimmt die von Helga gereichte

Tasse. Er brummelt: «Guten Morgen, Liebling.» Beide schlürfen schweigend ihren Kaffee.

Um 7 Uhr 05 steht Helga auf und sagt: «So, Hans, es wird Zeit für dich.»

Sie erhebt sich und holt sich den Bademantel aus dem Badezimmer, geht dann in die Küche, um für Hans und ihren Sohn Björn das Frühstück vorzubereiten.

Inzwischen ist Hans aufgestanden und ins Badezimmer gegangen. Helga huscht kurz hinter ihm hinein, um ihm Socken und eine frische Unterhose zu bringen.

Gegen 7 Uhr 20 klopft sie an die Badezimmertür und sagt: «Hans, es wird höchste Zeit.»

Kurz danach verläßt Hans das Bad und geht ins Schlafzimmer. Helga hat dort inzwischen ein blaues Hemd, den Anzug und einen passenden Schlips aus dem Schrank herausgesucht; Hans zieht die bereitgelegten Sachen an.

Mittlerweile ist das Frühstück fertig. Hans geht ins Eßzimmer, das unmittelbar neben der Küche liegt. Schweigend setzt er sich an den Tisch und fängt an, die Morgenzeitung zu studieren.

Hans hält seine Kaffeetasse wortlos hoch, und Helga schenkt noch einmal nach. Dann geht sie ins Kinderzimmer, um Björn zu wecken.

Björn reagiert morgens genauso unwirsch und brummelig wie sein Vater. Nur nachhaltiges Rütteln bringt ihn dazu, sich endlich umzudrehen und verschlafen und leicht muffelig ins Bad zu tapsen.

Wieder im Eßzimmer, erspäht Helga, daß Hans die Zeitung durchgeblättert hat.

Inzwischen ist es 7 Uhr 40 geworden. Ohne ein Wort erhebt sich Hans, geht an die Garderobe, zieht seinen Mantel über und ist auch schon verschwunden.

Es war auch höchste Zeit für ihn, da seine Arbeitszeit um 8 Uhr 15 beginnt.

Helga steht auf, klopft nun heftig an die Badezimmertür. Björn ruft mürrisch: «Ich komm ja schon.» Die Tür geht auf. Björn geht in sein Zimmer.

In der Zwischenzeit legt Helga für ihren Sohn ein in Stanniolpapier gewickeltes Pausenbrot und einen Apfel bereit. – Björn kommt mit offenen Turnschuhen, Jeans und einem Pullover zum Frühstück und ißt schweigsam wie immer seinen Toast.

Helga fragt: «Hast du alles für die Schule?» Björn nickt und mampft den Toast in sich hinein.

Es ist jetzt 7 Uhr 55 und höchste Zeit für Björn, das Haus zu verlassen. Er muß auch heute zur ersten Stunde in der Schule sein.

Helga steckt Brot und Apfel in die Schultasche, bevor sie sie Björn reicht. Sie achtet darauf, daß er die etwas wärmere Jacke anzieht, drückt ihm einen Kuß auf die Wange und schiebt ihn aus der Haustür.

Nun hat Helga endlich Zeit, selbst zu frühstücken, was sie auch in Ruhe tut. Dann nimmt sie die auseinandergefledderte Zeitung, ordnet sie neu und beginnt, von vorne zu lesen.

Inzwischen fallen die ersten Sonnenstrahlen durch das Wohnzimmerfenster. Helga öffnet die große Balkontür, um zu lüften. Zurück am Eßtisch, schlürft sie ganz genüßlich ihren Kaffee und liest die Zeitung.

Aber auch für Helga ist die Zeit knapp, denn Björn hat wieder nur vier Stunden und wird gegen 12 Uhr 35 zurück sein.

Um 8 Uhr 30 beendet Helga die Zeitungslektüre, geht ins Bad und duscht erst einmal ausgiebig. Ihre sportliche Kurzhaarfrisur ist schnell gemacht, so daß sie schon um 9 Uhr mit Bluse und Jeans bekleidet das Haus verläßt. Bevor sie geht, räumt sie noch den Frühstückstisch ab. Helga hat es nicht weit. Sie fährt mit dem Rad.

Ihre Einkäufe hat sie schnell erledigt. Sie braucht nicht lange zu überlegen, was sie heute kochen wird. Außerdem ist es sowohl im Supermarkt als auch beim Fleischer leer, und Helga macht sich wieder auf den Heimweg. Sie hätte zwar gern noch ein kleines Schwätzchen gehalten, hat aber keinen Bekannten getroffen.

Um 9 Uhr 55 ist Helga wieder zu Hause.

Wie jeden Morgen macht sie sich nun an die Hausarbeit: Waschmaschine und Spülmaschine füllen und in Gang setzen. Dabei fällt ihr Blick auf den Boden im Eingangsbereich. Er ist etwas schmutzig und weist einige Streifen auf. «Diese Männer!» denkt Helga und holt Spüleimer, Schrubber und Wischlappen. Nachdem sie auch im Badezimmer wieder für Ordnung gesorgt hat, wirft sie noch einen Blick in die Zeitung, obwohl die ja eigentlich nichts Neues bietet.

So schreitet die Zeit voran, und es ist 12 Uhr 35.

Björn kommt. Geräuschvoll zieht er seine Jacke aus, wirft sie achtlos in die Ecke, kommt herein und läßt die Schultasche vor der Treppe fallen.

«Na, wie war's denn in der Schule?»

Er stöhnt über die vielen Hausaufgaben.

Inzwischen ist das Essen fertig, und Helga schickt Björn zum Händewaschen ins Bad.

Helga geht in den Flur, hebt die Jacke auf und entdeckt die Spuren von Björns schmutzigen Schuhen auf dem frisch gewischten Linoleum. Dabei weiß Björn, daß sie von ihm erwartet, dreckige Schuhe gefälligst auszuziehen. Ihre Rüge entlockt Björn allerdings nur ein: «Ja, ja.» Er setzt sich an den Tisch und ist in Windeseile mit dem Essen fertig.

Helga hat noch fast keinen Happen gegessen.

Björn steht auf und fragt, ob er noch kurz mit zu seinem Freund gehen darf, der ohnedies vor der Tür auf ihn wartet. Helga erlaubt ihm zwanzig Minuten. Björn, immer noch in seinen Schuhen, stürmt aus dem Haus.

Nun hat Helga die Möglichkeit, selbst zu essen.

Nach 25 Minuten kommt Björn wieder, und Helga schickt ihn in sein Zimmer, damit er seine Hausaufgaben erledige, und ordnet eine Mittagsruhe bis 14 Uhr an. Björn trollt sich in sein Zimmer.

Helga räumt den Eßtisch ab und verschwindet ins Elternschlafzimmer. Kaum hat sie sich auf dem Bett ausgestreckt, ist sie auch schon eingeschlafen.

Um 14 Uhr kommt Björn ins elterliche Schlafzimmer. Helga wacht auf. Björn setzt sich auf die Bettkante zu seiner Mutter. Er möchte, da er gegen 16 Uhr eine Verabredung mit seinem Freund Thorsten hat, vorher mit ihr die Hausaufgaben besprechen.

Helga erhebt sich etwas mühsam und folgt Björn in sein Zimmer. Dort prüft sie alle Hausaufgaben. Seine Schreibübung hat Björn heute besser als gestern gelöst.

Schnell ist es 15 Uhr, und Helga hat Kaffeedurst. Sie setzt Kaffee auf, und Björn macht sich an seine restlichen Hausaufgaben.

Während der Kaffee durchläuft, legt Helga die frisch gewaschenen Handtücher zusammen und sortiert sie in den Badezimmerschrank.

Es ist ungefähr 15 Uhr 15, als sich Helga mit ihrem

Kaffee an den Eßtisch setzt und in ihrem Simmel-Roman weiterliest. Sie schätzt Simmel sehr. Der Buchclub liefert ihr immer den neuesten Band.

Punkt 16 Uhr 10 meldet sich Björn. Er ist mit den Hausarbeiten fertig und knallt zwei Hefte auf den Tisch. Helga erlaubt ihm, schon loszugehen.

Helga liest weiter.

Es ist inzwischen 16 Uhr 30 geworden, und Helga weiß, daß sie langsam mit den Vorbereitungen zum Abendessen anfangen muß. Sie steht auf und geht in die Küche. Heute gibt es Bouletten, die mag Hans besonders gern, sie auch, denn das Gericht ist relativ schnell zubereitet.

Wie im Fluge vergeht die Zeit, und es ist 17 Uhr.

Sie hört Hans mit dem Wagen vorfahren, schaut aus dem Küchenfenster und winkt ihm zu. An der Tür gibt sie ihm ein Küßchen auf die Wange.

Schlaff hängt er den Mantel auf, öffnet seine Schuhe, befreit sich vom «Kulturstrick» und greift zur Fernbedienung.

Während er sich entspannt, bereitet Helga das Abendbrot zu. «Wo ist eigentlich der Björn?» fragt ihr Mann, und Helga antwortet, daß dieser mit seinem Freund Thorsten spielen würde, aber sicher bald nach Hause käme.

Helga wirft ab und zu einen Blick auf den Bildschirm.

Es ist 17 Uhr 35.

Björn kommt nach Hause. Als Helga ihn hört, läßt sie alles stehen und geht ihrem Sohn entgegen.

Björn zieht tatsächlich die Schuhe aus. Helga grinst. Björn stürmt in das Wohnzimmer und gibt seinem Vater einen Kuß auf die Wange. «Hallo, Vati, völlig alle – wie immer?»

Björn konzentriert sich sofort auf das Fernsehprogramm, Helga setzt sich links neben den Apparat, gegessen wird beim Fernsehen. Mit halbvollem Mund murmelt Hans zwischendurch: «War irgend etwas Besonderes heute?» Helga antwortet erst nach einer größeren Pause: «Nein.»

Es folgen jetzt die 19-Uhr-Nachrichten, die die ganze Familie gespannt anschaut.

Das Essen ist fast beendet, und Helga fragt ihren Mann, ob er noch ein Bier wolle. Dieser nickt, und Helga steht auf, um in den Keller zu gehen.

Gegen 20 Uhr 30 weist Helga Björn darauf hin, daß es nunmehr Zeit sei, schlafen zu gehen. Brummelnd steht Björn auf, gibt dem abwesenden Vater einen Kuß auf die Wange und verschwindet in sein Zimmer.

Nach fünf Minuten ruft Helga ihrem Sohn hinterher «Björn... Zähne putzen...»

Man hört die Tür knallen, das Wasser laufen, die Tür

knallen. Björn hat seine Zähne geputzt und liegt wieder im Bett.

Gegen 21 Uhr 45 schaut Helga noch einmal nach ihrem Sohn. Dieser liegt im Bett, hat seinen Walkman auf und – schläft. Sie nimmt ihm die Kopfhörer ab, zieht die Decke hoch, gibt ihm einen Kuß, macht das Licht aus und verläßt auf leisen Sohlen das Kinderzimmer.

Helga läßt sich nun rechts neben ihrem Ehemann nieder und versucht sich anzukuscheln.

Hans steht heute nicht auf Zärtlichkeit, und Helga versteht das Zeichen.

22 Uhr 10, nach dem heute journal, steht Hans auf und sagt: «Komm, mein Schatz, laß uns ins Bett gehen.» Beide stehen auf, gehen ins Bad, putzen sich schweigend die Zähne, ziehen sich wortlos aus, und Hans geht ins Bett. Helga muß sich erst noch abschminken.

Als sie ins Schlafzimmer kommt, ist Hans schon so gut wie eingeschlafen. Im Bett versucht sie, sich anzuwärmen, Hans reagiert aber nur dadurch, daß er sich auf die andere Seite dreht.

«Dann eben nicht», denkt Helga und macht das Licht aus. Wenige Augenblicke später ist Hans eingeschlafen, nur Helga ist noch wach – sie ist eigentlich hellwach, dies und das geht ihr durch den Kopf.

Erst eineinhalb Stunden später gelingt es auch ihr, die Augen zuzumachen.

Dritter Tag

Es ist 6 Uhr 50, und der Wecker klingelt. Etwas verschlafen und niedergeschlagen stolpert Helga in die Küche, um die Kaffeemaschine anzustellen. Auch das kalte Wasser im Gesicht erfrischt sie nicht so recht. Schlaftrunken wankt sie zurück in die Küche, lehnt sich an die Anrichte und beobachtet den durchlaufenden Kaffee.

Es ist 7 Uhr. Hans Wipperfürth schläft immer noch. Helga stellt die beiden Tassen Kaffee auf die Nachtkonsole. Heute ist es schön draußen. Sie setzt sich auf die Bettkante und küßt ihren Hans zärtlich: «Hans, es ist Zeit zum Aufstehen.»

Hans murmelt etwas in seinen Bart. Wie jeden Morgen ist er ein bißchen unwirsch.

Doch er dreht sich nun schwerfällig um und nimmt Helga die Kaffeetasse aus der Hand und murmelt: «Guten Morgen, Liebling.»

Beide schlürfen schweigend ihren Kaffee. Dann steht

Helga auf und sagt: «So, Hans, es wird Zeit, daß du dich fertig machst.»

Sie geht ins Bad, wirft sich den Bademantel über und begibt sich anschließend in die Küche, um für Hans und ihren Sohn Björn das Frühstück vorzubereiten.

Helga huscht kurz hinter Hans ins Badezimmer, um ihm Socken und eine frische Unterhose zu bringen.

Um 7 Uhr 20 klopft sie an die Badezimmertür. Hans geht ins Schlafzimmer und zieht das von Helga bereitgelegte weiße Hemd, den Anzug und einen passenden Schlips an.

Mittlerweile ist das Frühstück fertig geworden. Hans geht in das Eßzimmer, setzt sich, ohne ein Wort zu verlieren, an den Tisch und fängt an, die Morgenzeitung zu studieren.

Helga schenkt Hans noch einmal Kaffee nach und geht dann ins Kinderzimmer, um Björn zu wecken. Der quält sich mürrisch aus dem Bett ins Bad.

Helga geht zurück ins Eßzimmer. Hans hat die Tageszeitung durchgeblättert.

Es ist inzwischen 7 Uhr 40.

Hans steht auf, holt seinen Mantel von der Garderobe. Und schon fällt die Haustür hinter ihm ins Schloß.

Helga steht auf und klopft an die Badezimmertür.

Die Tür geht auf, Björn geht in sein Zimmer.

Heute legt Helga zu dem Pausenbrot nicht nur eine Banane, sondern auch eine Milchschnitte, die Björn so gerne ißt.

Angezogen setzt sich Björn an den gedeckten Frühstückstisch, greift seinen Toast und verschlingt ihn stumm.

Helga sagt: «Björn, es ist noch viel zu kalt, vergiß nicht, einen Pullover anzuziehen.»

Björn nickt, läßt sich aber nicht stören. Helga steckt die Pausenmahlzeit in die Schultasche, reicht Björn die Tasche, schaut, daß ihr Sohn tatsächlich einen Pullover anzieht, drückt ihm einen Kuß auf die Wange, schiebt ihn aus der Haustür und winkt ihm hinterher.

Nachdem die Haustür zu ist, geht Helga ins Eßzimmer und läßt sich seufzend auf einem Stuhl nieder. Sie freut sich auf ihr Frühstück, bestreicht den Toast mit der von ihr so geschätzten Erdbeermarmelade, schenkt sich eine Tasse Kaffee ein, ordnet die Zeitung neu, lehnt sich entspannt zurück und beginnt, von vorn an zu lesen.

Heute hat Helga etwas mehr Zeit, da Björn nach der Schule mit zu seinem Freund Peter geht.

Um 8 Uhr 40 hat Helga die Zeitung durchgeschmökert. Sie legt sie zur Seite, steht auf, zieht sich an und beeilt sich, auf den Tennisplatz zu kommen. Um 9 Uhr 15 beginnt die Trainerstunde.

Im Tennisclub geht sie schnell in die Umkleidekabine und zieht eilig ihre Tennissachen an: weißes Röckchen und ein edles T-Shirt, weiße Socken und Tennisschuhe. Jetzt noch das Stirnband.

Als sie mit dem Schläger in der Hand auf den Platz kommt, blickt ihr Markus, ihr Trainer, bereits erwartungsvoll entgegen.

Markus ist ein Yuppie-Student, immer gut gekleidet. Er entstammt einer wohlhabenden Familie und bräuchte eigentlich keine Stunden zu geben. Da er Jura studiert, hat er aber relativ viel Zeit und verdient sich so etwas dazu.

Markus hat heute Lust, Helga etwas durch die Gegend zu jagen.

Um Punkt 10 Uhr ist das Spiel zu Ende. Helga hat hoch verloren, welch Wunder! Sie geht schnell unter die Dusche, macht sich frisch und fährt, nachdem sie ein Glas Mineralwasser getrunken hat, wieder nach Hause, wo die übliche Hausarbeit auf sie wartet. Heute fährt sie zusätzlich mit dem Staubsauger über den Teppichboden und wischt Staub. Zwischendurch wirft sie immer mal wieder einen Blick in die Zeitung, in der eigentlich nichts Neues steht.

So schreitet die Zeit voran, und es ist schnell 13 Uhr.

Helga macht sich ein Omelette, weil es schnell geht. Danach verschwindet sie ins Schlafzimmer, streckt sich aus und ist schon eingeschlafen.

Um 15 Uhr 30 schreckt sie hoch, stellt fest, daß es schon so spät ist. Leicht angeschlagen wankt sie ins Bad und macht sich frisch. Eigentlich könnte man mal wieder ins Kino gehen, denkt sie und beschließt, Hans dies heute abend vorzuschlagen.

Helga kocht sich jetzt einen Kaffee.

Während der Kaffee läuft, legt Helga die Bügelwäsche zurecht, faltet die trockene Unterwäsche sorgfältig zusammen und räumt sie in die entsprechenden Fächer.

Der Kaffee ist durchgelaufen und es ist ungefähr 15 Uhr 50. Helga läßt sich genüßlich mit ihrem Kaffee in der einen und einem Buch in der anderen Hand am Eßtisch nieder und versinkt in ihrer Lektüre.

Um 16 Uhr 10 kommt Björn nach Hause.

Auf die Frage von Helga, wie der Tag heute gewesen sei, antwortet er: «Schön, bei Peter gab es tolle Sachen zu essen, und die Schulaufgaben habe ich auch schon gemacht.» Helga lobt ihren Sohn dafür.

Nachdem er sich ausgezogen und seiner Mutter einen Kuß auf die Wange gedrückt hat, zieht er sich mit der Ankündigung in sein Zimmer zurück: «Ich spiele heute nachmittag ein bißchen am Computer.»

Hans hat seinem Sohn den Computer zum Geburtstag geschenkt. Seitdem ist er gar nicht mehr vom Bildschirm wegzubekommen. Helga sorgt sich etwas. Sie empfindet das Gerät fast als eine Droge. Hans hingegen ist sehr stolz auf Björn, denn dieser kann bereits einfache Dinge programmieren.

Helga liest weiter.

Es ist inzwischen 17 Uhr geworden, und Helga denkt langsam daran, etwas zum Essen zu machen.

Sie steht auf und geht in die Küche. Heute macht sie Wiener Schnitzel mit Pommes frites. So einfach das Gericht auch ist, Hans mag es besonders gern. Sie schätzt Schnitzel eigentlich nicht so, aber man kriegt's schon runter.

Wie im Fluge vergeht die Zeit, und es ist 17 Uhr 30.

Helga hört Hans mit dem Wagen vorfahren, wirft einen Blick aus dem Küchenfenster, winkt ihm kurz zu und geht zur Haustür. Müde läßt Hans das Begrüßungsküßchen auf die Wange über sich ergehen, entledigt sich seines Mantels, der Schuhe, zerrt den «Kulturstrick» vom Hals und sitzt schon vor dem Fernsehgerät.

Während Hans sich entspannt, bereitet Helga das Abendessen zu.

«Wo ist eigentlich der Björn?» fragt ihr Mann, und Helga antwortet, daß Björn am Computer sitzt. Sie ruft durchs Haus: «Björn, der Papa ist nach Hause gekommen.»

Björn springt die Treppe herunter und gibt seinem Vater einen Kuß. «Ich habe ein neues Programm geschrieben», sagt er. «Muß ich dir nachher unbedingt mal zeigen.»

Alle drei sitzen nun vor dem Fernsehgerät und essen schweigend. Mit halbvollem Mund murmelt Hans zwischendurch: «War irgend etwas Besonderes heute?» Helga verneint erst nach einer größeren Pause.

Es folgen jetzt die 19-Uhr-Nachrichten, die die Familie wie immer gespannt anschaut.

Das Essen ist so gut wie beendet, als Helga ihren Mann fragt, ob er nicht Lust hätte, heute abend ins Kino zu gehen. Dieser schaut sie mit großen Augen an. «Eigentlich hätte ich schon Lust dazu, aber heute bin ich dermaßen abgespannt. Wir gehen bei nächster Gelegenheit.»

Helga ist etwas enttäuscht, steht aber auf, um ihrem Hans ein neues Bier aus dem Keller zu holen.

Gegen 20 Uhr 30 schickt Helga Björn ins Bett. Brummelnd verschwindet er in sein Zimmer.

Nach fünf Minuten ruft Helga ihm hinterher:

«Björn... Zähne putzen...»

Die Tür knallt, das Wasser läuft, die Tür knallt. Björn hat seine Zähne geputzt und liegt wieder im Bett. –

Gegen 21 Uhr 45 schaut Helga noch einmal nach ihrem Sohn. Dieser sitzt mit stierem Blick vor seinem Rechner und programmiert wie besessen.

«Ich glaub', ich werde verrückt», empört sich Helga mit erhobener Stimme. Björn zuckt regelrecht zusammen und springt mit einem Satz in sein Bett. Helga macht den Rechner aus, und Björn stöhnt in sein Kopfkissen: «Keine Datensicherung!»

Als Helga herunterkommt, sagt sie zu ihrem Mann: «Du mußt einmal mit Björn reden, denn diese Beschäftigung am Computer nimmt langsam Ausmaße an, die ich nicht mehr lustig finde.»

Hans murmelt zustimmend: «Da hast du recht», und schaut sich permanent gähnend das heute journal an. Auch heute bleiben Helgas Versuche, sich einzukuscheln, vergeblich.

22 Uhr 10, nach dem heute journal, erheben sich beide, begeben sich ins Bad, putzen sich schweigend die Zähne, ziehen sich aus. Nachdem sich Helga abgeschminkt hat, folgt sie Hans ins Schlafzimmer. Wie in der letzten Zeit immer, ist er schon so gut wie eingeschlafen. Helgas Suche nach Körperkontakt beantwortet Hans damit, daß er sich auf die andere Seite dreht.

«Dann eben nicht», denkt Helga und macht das Licht aus. «Irgend etwas kommt zu kurz in unserer Ehe», überlegt sie. Eigentlich ist sie noch hellwach und grübelt über ihre Probleme in der Beziehung zu Hans nach.

Erst eineinhalb Stunden später gelingt es auch ihr, die Augen zuzumachen.

Vierter Tag

Björn kommt ins Schlafzimmer seiner Eltern und gibt seiner Mutter einen Kuß. «Hey, aufstehen», fordert er munter, «es ist schon 9 Uhr.»

Helga rekelt sich genüßlich im Bett. Es ist Samstag, und das ist der Tag, an dem es nur den Wecker namens Björn gibt.

Verschlafen, aber sich in ihrer Haut ganz wohl fühlend, steht sie auf und geht in die Küche, um die Kaffeemaschine anzustellen. Im Bad benetzt sie ihr Gesicht mit kaltem Wasser. Aber so richtig wach macht sie das auch heute nicht. Schlaftrunken wankt sie zurück in die Küche.

Es ist 9 Uhr 10. Der Kaffee ist durchgelaufen, und Helga gießt zwei Tassen voll, nimmt sie und geht zurück ins Schlafzimmer. Hans Wipperfürth schläft immer noch. Sie stellt die beiden Tassen ab. Der Blick durch das Fenster zeigt ihr, daß heute herrliches Wetter ist. Mit dem obligatorischen Kuß am Morgen weckt sie

Hans, reicht ihm seine Tasse, und beide schlürfen noch etwas müde ihren Kaffee. Gesprochen wird kein Wort.

Um 9 Uhr 20 verläßt Helga das Schlafzimmer, holt sich ihren Bademantel aus dem Bad, geht in die Küche, um das Frühstück vorzubereiten. Heute kocht sie für ihre beiden Männer auch je ein Ei.

Inzwischen ist Hans aufgestanden. Helga bringt ihm wie immer seine Socken und eine frische Unterhose ins Badezimmer.

Gegen 9 Uhr 45 klopft sie an die Badezimmertür und sagt: «Hans, das Frühstück ist fertig.» Heute hat Hans einen Trainingsanzug angezogen. Der gibt ihm das ersehnte Wochenendgefühl. Schweigend setzt er sich an den Tisch und fängt an, die Morgenzeitung zu studieren. Wortlos hält er seine Kaffeetasse hoch, und Helga schenkt ihm Kaffee nach.

Als Helga ins Kinderzimmer kommt, um Björn zu holen, sitzt der bereits vor seinem Computer und programmiert. «Frühstück», sagt sie zu ihrem Sohn.

Dieser scheint darüber gar nicht erfreut zu sein, steht aber auf und geht mit seiner Mutter ins Eßzimmer. – Beide Männer sitzen am Frühstückstisch. «Mein Gott», sagt Helga, «ich muß noch einkaufen gehen.» Sie steht auf, geht ins Bad, putzt die Zähne, zieht sich etwas über, geht dann in das Eßzimmer und sagt: «In einer Stunde bin ich wieder da.»

Hans ist immer noch mit der Zeitung beschäftigt, Björn ist schon weg. Wahrscheinlich sitzt er schon wieder an seinem Computer. Darum kann sie sich aber jetzt nicht kümmern. Sie muß sich mit ihrem Einkauf beeilen und verläßt zügig das Haus.

«Heute ist Samstag, da hat er frei», denkt Helga, und da darf auch ihr Sohn tun, was er will.

Helga fährt auch heute mit dem Rad. Ihr erstes Ziel ist der kleine Supermarkt um die Ecke. Wie jeden Samstag ist es ziemlich voll. Helga ist die sechste Kundin in der Schlange an der Fleischtheke. Nach ca. zwanzig Minuten ist sie an der Reihe und bestellt für Samstag und Sonntag. Dann muß sie noch verschiedene andere Dinge – Obst, Gemüse und Käse – einholen sowie Brot. Als sie alles beisammen hat, stellt sie sich an der Kasse an. Geduldig wartet sie, bis sie dran ist.

Jetzt muß sie nur noch zum Blumengeschäft radeln. Samstags kauft sie sich gerne ein paar Blumen. Sie überlegt, wie lange es schon her ist, daß Hans ihr das letzte Mal einen Blumenstrauß am Wochenende schenkte.

Es ist 11 Uhr 30, als Helga nach Hause kommt. Im Vorbeigehen sieht sie, daß Hans sich Wasser eingelassen hat und mit der Zeitung in der Wanne liegt. Helga geht in das Eßzimmer und bestreicht sich einen Toast. Dazu trinkt sie eine Tasse frischen Kaffee und schöpft ein wenig Atem.

Ein Teil der Zeitung liegt im Wohnzimmer. Sie ordnet sie neu und beginnt, von vorne an zu lesen. Das Wohnzimmer ist inzwischen von der Sonne durchflutet. Mit einem wohligen Gefühl trinkt sie ihren Kaffee und liest die Zeitung. Durch die geöffnete große Balkontür dringt frische Luft ins Haus. Helga genießt das, lehnt sich entspannt zurück, schlürft weiter ihren Kaffee und liest die Zeitung.

Gegen 11 Uhr 45 kommt Hans aus dem Bad. Er trägt jetzt Jeans, Hemd und Sportschuhe.

«Ich geh schon mal in den Garten», bemerkt er und verläßt durch die offene Balkontür das Eßzimmer.

«Das ist wohl wirklich sein liebstes Hobby», denkt Helga und räumt den Frühstückstisch ab.

Sie geht ins Zimmer von Björn und sieht, daß dieser am Computer spielt. Er läßt sich in keiner Weise stören, und Helga fängt an, sein Zimmer aufzuräumen und das Bett zu machen. Danach geht sie ins Elternschlafzimmer, macht auch dort die Betten, saugt, wischt Staub, lüftet.

Es ist inzwischen 12 Uhr 25 geworden und Zeit für die Vorbereitungen zum Mittagessen. Helga geht in die Küche. Heute soll es Rouladen mit Klößen geben. Erfreulicherweise gibt es Schnellkochtöpfe, so daß diese Arbeit nicht mehr so lange dauert.

Gegen 13 Uhr geht sie zu Björn ins Zimmer und fordert ihn auf, den Mittagstisch zu decken. Björn sagt: «Ich komme gleich.»

Helga geht zurück in die Küche, nimmt ihren Roman aus dem Eßzimmer mit und lehnt sich schmökernd an die Küchentür, während das Essen kocht.

Nach zehn Minuten ruft sie noch einmal durch die Wohnung: «Björn, was ist?» Björn kommt aus dem Zimmer und fängt an, den Tisch zu decken. Durch das Balkonfenster sieht sie Hans den Rasen mähen.

Um 13 Uhr 20 geht sie zum Balkon und ruft hinaus: «Liebling, das Mittagessen ist soweit.» Hans antwortet: «Ich bin noch satt vom Frühstück», kommt aber bereitwillig herein. Seine schmutzigen Schuhe behält er an. «Der Apfel fällt nicht weit vom Stamm», denkt Helga.

Hans setzt sich zu Björn an den Tisch. Alle drei fangen jetzt an zu essen. Zwischendurch fragt Hans Björn nach der Schule. Björn antwortet mürrisch, daß alles ziemlich langweilig sei, wirklich passieren würde nichts. Auf die Frage nach seinen Zensuren antwortet er, «daß es schon so geht», es aber viel interessanter sei, zu Hause mit dem Computer zu arbeiten.

Ein Gespräch über Trivialitäten zieht sich hin.

Gegen 14 Uhr ist das Essen beendet. Hans murmelt, daß er jetzt wieder in den Garten gehen würde, steht auf und verläßt den Raum.

Als Björn gehen möchte, ruft Helga ihm nach: «Was

ist mit abräumen?» – «Immer ich», ist sein Echo, aber er bewegt sich trotzdem lustlos an den Eßtisch und trägt das Geschirr in die Küche.

Nachdem dies erledigt ist, füllt Helga die Spülmaschine und setzt sie in Gang. Björn verabschiedet sich und geht in sein Zimmer, um «weiterzuarbeiten».

Helga angelt sich ihr Buch, nimmt einen Stuhl und setzt sich auf die Terrasse, um endlich einmal in aller Ruhe lesen zu können. Da ihr etwas kalt ist, holt sie sich noch eine Jacke und zieht sie über.

Derweil «bastelt» Hans noch im Garten, wie er immer zu sagen pflegt. Um 14 Uhr 30 taucht Björn auf und fragt, ob er zu seinem Freund Thorsten gehen könne, da dieser viel interessantere Spiele auf seinem Computer habe als er. Hans murmelt in den Bart: «Na gut, Junge, du bist aber um 18 Uhr wieder zu Hause.» Björn stößt einen kleinen Freudenschrei aus, zieht blitzschnell Schuhe und Jacke an und ist weg.

Hans ist gegen 15 Uhr mit seinen Gartenarbeiten fertig. Er kommt kurz herein, sagt Helga, daß er nun das Auto putzen wolle, geht wieder hinaus, fährt das Auto vor die Garage und beginnt zunächst einmal mit der Außenwäsche.

Dazu benutzt er einen Schlauch und einen Wassereimer. Dem Wasser hat er Spezialshampoo hinzugefügt, das besonders lackschonend sein soll.

Inzwischen hat Helga ihren Platz verlassen und sich ins Elternschlafzimmer zurückgezogen, da sie Lust auf einen Mittagsschlaf hat.

Nach dem Shamponieren spült Hans den Wagen ab und fängt an, ihn mit einer speziellen Paste einzureiben. Danach kommt das Polieren des Wagens.

Nachdem auch dieser Arbeitsgang bewältigt ist, holt er aus dem Abstellraum den Staubsauger und beginnt damit, den Innenraum des Fahrzeugs auszusaugen. Von dem Geräusch des Saugers wird Helga wach.

Es ist inzwischen 17 Uhr. Sie steht auf, holt einen Kuchen aus der Gefriertruhe, schiebt ihn kurz in den Backofen und kocht einen Kaffee.

Gegen 17 Uhr 40 hat Hans seine Autowäsche beendet, kommt herein und setzt sich an den Kaffeetisch. «Wie schön, daß du Kaffee gemacht hast», sagt er zu Helga und fängt an, in der Zeitung zu stöbern und dabei ein Stück Kuchen zu essen.

Um 17 Uhr 50, den Kuchen hat er ganz schön in sich hineingeschlungen, steht Hans auf und schaltet das Fernsehgerät ein: Sportschautelegramm.

Helga zieht die Brauen hoch, hat sich aber inzwischen mit dieser Gewohnheit ihres Mannes abgefunden und geht in den Keller, um ihm eine Flasche Bier zu holen. «Es ist schon irgendwie faszinierend», schießt ihr durch den Kopf, «daß alle Männer so versessen auf die Sportschau sind.»

Hans sitzt vor dem Sportschautelegramm. Es wird über Sportarten berichtet, die ihn eigentlich nicht so interessieren. Ihm geht es um die Fußballbundesliga, und er ist gespannt, ob sein Verein diese Woche gewinnen konnte.

Während er das Sportschautelegramm schaut, denkt Hans darüber nach, wie eigenartig es doch wäre, wenn private Programmanbieter gerade die Fußballberichterstattung der ARD wegnehmen würden, und es dann keine Sportschau mehr gäbe. Aber er weiß auch, daß er das nicht beeinflussen kann, und konzentriert sich wieder auf die Sendung und trinkt sein Bier.

Punkt 18 Uhr kommt Björn nach Hause und setzt sich zu seinem Vater vor das Fernsehgerät. Um 19 Uhr, nach der Sportschau, schaltet Hans Wipperfürth um zu den Nachrichten im ZDF. Sein Verein hat gewonnen, und – er kann sich dagegen kaum wehren – das erfüllt ihn doch mit Freude, obwohl es ja eigentlich ganz nebensächlich ist.

Helga hat die ganze Zeit in der Küche verbracht. Sie hatte in ihrem Buch weitergelesen, jetzt serviert sie das Abendbrot. Es gibt eine Vesper mit Brot, Käse, Wurst und hartgekochten Eiern.

Gegen 20 Uhr ist die Familie mit dem Abendbrot fertig, und Björn soll ins Bett gehen. Dieser wehrt sich vehement, denn heute abend um 20 Uhr 15 wird eine Show mit Thomas Gottschalk gesendet, die er allzu gerne sehen möchte. Nach langem Quengeln akzeptieren die Eltern, daß der Sohn ausnahmsweise diese Sendung sehen darf, danach aber sofort ins Bett müsse.

Hans holt sich ein weiteres Bier und nimmt wieder vor dem Fernseher Platz.

Helga folgt ihm.

Um 22 Uhr ist die Show zu Ende, und Björn bewegt sich zielgerade ins Bad, um sofort in seinem Zimmer zu verschwinden.

Hans und Helga sind jetzt noch an der wöchentlichen Ziehung der Lottozahlen interessiert, denn es könnte ja mal sein, daß ihr Dauerlos gewinnt. Leider gehen sie auch diese Woche leer aus.

So stehen auch die beiden auf, gehen ins Badezimmer, waschen sich eher flüchtig und verschwinden im Schlafzimmer.

Als sie im Bett liegen, sagt Helga: «Liebling, weißt du eigentlich, daß wir einen relativ langweiligen Tagesablauf haben? Es ist irgendwie nichts los.»

«Oh», entgegnet Hans, «das seh ich völlig anders. Momentan ist im Betrieb der Teufel los, ich bin ständig gefordert, ich habe geradezu das Gefühl, daß alle an mir zerren. Ich bin froh, wenn ich einmal meine Ruhe habe und meinen Gedanken nachgehen kann. Hast du denn keine anderen Betätigungen? Du könntest dich doch zum Beispiel an der Volkshochschule fortbilden.»

Helga antwortet ihm, daß das bedeuten würde, daß sie dann zweimal in der Woche abends weg sei.

Daraufhin meint Hans, daß dies natürlich keineswegs ideal sei, da er es schon wichtig fände, daß, wenn er zu Hause ist, seine Frau auch da sei.

Nach diesem kurzen Gespräch sind beide müde und schlafen ein.

Fünfter Tag

Es ist 9 Uhr 10, und Björn kommt ins Schlafzimmer seiner Eltern. Er gibt seiner Mutter einen Kuß: «Hey, aufstehn!» fordert er. «Es ist schon kurz nach 9 Uhr.»

Helga streckt und rekelt sich genüßlich im Bett. Es ist Sonntag, der zweite Tag in der Woche ohne Wecker.

Langsam steht sie auf, stellt die Kaffeemaschine an und geht dann ins Bad, um zu duschen. Die fällt heute etwas zu kühl aus. So geht sie ziemlich frisch zurück in die Küche und füllt zwei Tassen mit Kaffee. Als sie zurück ins Schlafzimmer kommt, schläft ihr Gatte immer noch. Das Wetter ist vielversprechend. Helga drückt ihrem Hans einen Kuß auf und sagt: «Aufstehn!» Hans schlägt die Augen auf und küßt Helga auf die Wange, nimmt ihr noch etwas schlaftrunken die Tasse aus der Hand. Beide schlürfen schweigend ihren Kaffee.

Um 9 Uhr 25 geht Helga in die Küche, um das Frühstück vorzubereiten. Wie immer am Wochenende gibt es auch heute für beide Männer ein Ei.

Hans ist inzwischen ins Badezimmer gegangen. Nach kurzer Zeit hört sie ihn rufen: «Liebling, kannst du mir bitte mal eine neue Unterhose und Socken bringen?» Helga schmunzelt in sich hinein und bringt ihrem Mann die angeforderten Sachen.

Als Hans sich bekleidet mit einem Trainingsanzug an den Eßtisch setzt, macht er insgesamt einen sehr entspannten Eindruck. Kurz darauf steht er noch einmal auf und sagt zu Helga: «Du, ich hol mir eben noch eine Zeitung, der Sportteil...»

Nach 15 Minuten ist er wieder zurück.

Inzwischen haben Björn und Helga ihre Plätze am Frühstückstisch eingenommen. Hans setzt sich dazu und beschäftigt sich mit der «Welt am Sonntag». Wortlos hält er seine Kaffeetasse hoch, und Helga schenkt ihm nach.

Nachdem Hans den ersten Teil der Zeitung gelesen hat, übernimmt Helga diesen. Und so geht es durch die ganze Zeitung.

Björn ist schon nach kurzer Zeit wieder aufgestanden. Er hat gerade mal ein Ei und einen Toast gegessen. Sein Weg führt schnurstracks in sein Zimmer. Er ist nach wie vor verrückt auf seinen Computer.

Um 10 Uhr 15 sagt Hans: «Ich mach mich dann mal fertig für den Frühschoppen.» Er geht hinaus, zieht sich um und verläßt ohne ein weiteres Wort das Haus.

Helga ihrerseits geht auf die Terrasse, nimmt die Gießkanne, füllt sie mit Wasser und fängt an, die Blumen im Garten zu gießen. Danach ist es Zeit, den gemähten Rasen zu harken. Um 11 Uhr 30 ist sie fertig. Es wird auch wirklich höchste Zeit, denn sie muß in die Küche gehen, um das Mittagessen zuzubereiten. Heute gibt es Tortellini mit einer Sahnesauce. Beide Männer mögen die italienische Küche sehr.

Um 12 Uhr 45 geht Helga in Björns Zimmer und verkündet: «Essen ist fertig.» Björn murmelt etwas und kommt aus seinem Zimmer.

Punkt 13 Uhr kommt auch Hans zurück. Er hat eine leichte Fahne. «Na, war's schön?» fragt Helga nebenher und denkt dabei: «Daß er immer schon morgens Bier trinken kann...»

Ein Gespräch über die Trivialitäten des Alltags begleitet das Essen.

Gegen 14 Uhr hat die Familie ihr mittägliches Sonntagsmahl beendet.

Hans murmelt etwas von Mittagsschlaf. Im Grunde sei er schon wieder ganz kaputt. Er steht auf und verschwindet im Elternschlafzimmer.

Björn möchte seinen Freund Peter besuchen. Als Helga zustimmend nickt, ist er schnell aus dem Haus verschwunden.

Helga räumt den Tisch ab, füllt die Spülmaschine und

wischt anschließend noch den Tisch ab. Mit ihrem Buch und einem Stuhl bewaffnet geht sie auf die Terrasse, läßt sich dort nieder und vertieft sich genüßlich in ihr Buch.

Gegen 15 Uhr 30 schreckt sie auf, stellt fest, daß Hans und sie heute einen Tennistermin haben, eilt in das Schlafzimmer, wo Hans wirklich tief schläft, rüttelt ihn und sagt: «Hans, aufstehn, wir sind heute nachmittag doch zum Tennis verabredet.»

Hans fährt aus dem Schlaf hoch. «Mein Gott, das hätte ich doch fast vergessen!»

Helga eilt zum Telefon, ruft die Eltern von Peter an und sagt, daß sie so gegen 18 Uhr wieder zurück seien, legt den Hörer auf und folgt Hans mit schnellen Schritten zum Auto.

Um 16 Uhr 45 haben Helga und Hans eine Doppelstunde.

Um 17 Uhr 30 ist das Spiel beendet. Hans und Helga haben wieder einmal verloren. Irgendwie will es nicht gelingen, daß die beiden im Doppel einmal erfolgreich spielen. Sie werden aufgefordert, doch noch dazubleiben und ein Bier zu trinken. Helga besteht aber darauf, daß sie nach Hause müsse, denn Björn komme gleich und brauche etwas zum Abendessen.

Hans schaut mit dem Blick, den Helga so mag, seine Frau an, und sie weiß Bescheid. «Na gut, ich geh' schon, komm aber bitte nicht so spät nach Hause», ist ihr letzter Wunsch. Helga verläßt den Clubraum, geht zum Auto und fährt nach Hause.

Kurz vor 18 Uhr ist Helga daheim. Gerade rechtzeitig, denn jetzt stürmt Björn auch schon durch die Tür.

«Oh, ich habe einen Riesenkohldampf», stößt der Nachwuchs hervor. «Peter hat ein völlig neues Spiel auf seinem Computer. Es heißt ‹Solitär› und ist ein Kartenspiel.»

«Macht ihr eigentlich noch etwas anderes, als nur Karten zu spielen?» interessiert sich Helga.

«Nein, das reicht auch, es macht sehr viel Spaß», antwortet Björn. Er setzt sich an den Eßtisch und wartet auf das Abendbrot.

Schnell ist es 18 Uhr 45. Helga trägt ihrem Sohn auf, für die Schule morgen seine Sachen zusammenzusuchen.

Björn verläßt das Eßzimmer und geht in sein Zimmer.

Helga konzentriert sich auf die Nachrichtensendung. Danach, um 19 Uhr 30, geht sie zu Björn ins Zimmer, der – wo sonst – vor dem Computer sitzt.

«Ich möchte gerne sehen, ob du für morgen vorbereitet bist.» Björn dreht sich mürrisch aus seinem Stuhl und holt seine Schultasche. Es ist sofort sichtbar, daß er natürlich noch nicht alles vorbereitet hat.

«Jetzt wird es aber höchste Zeit!» sagt Helga. «Mach sofort den Computer aus.»

Widerwillig gehorcht Björn, geht aus dem Programm raus und schaltet danach den Computer aus.

Helga bleibt im Zimmer. Mit schweren Armen sortiert Björn die Hefte und Bücher für die Schule. Nach einigen Minuten ist er damit fertig.

«Jetzt ab ins Bett, mein Lieber», sagt seine Mutter. «Du hattest ein anstrengendes Wochenende, jetzt wird es Zeit, daß du dich für morgen ausruhst.»

Björn geht ins Badezimmer und ruft: «Ist Vater schon wieder da?»

«Nein, noch nicht», antwortet Helga.

Kurz vor 20 Uhr kommt Björn aus dem Badezimmer, drückt seiner Mutter einen Kuß auf, wirft ein «Und tschüss» in den Raum und verschwindet in seinem Zimmer.

Es ist 20 Uhr und Zeit für die ‹Tagesschau›. Es kommt nicht selten vor, daß Helga die Nachrichten zweimal anschaut. Heute ärgert sie sich aber doch ein bißchen, denn Hans könnte ja auch mal einen Abend zu Hause mit seiner Frau verbringen.

Nach der ‹Tagesschau› folgt der Sonntagskrimi.

Helga läßt sich vom Geschehen fangen und sieht sich den Krimi mit großer Spannung an.

Als dieser zu Ende ist, um 21 Uhr 45, stellt sie mit

Entsetzen fest, daß Hans immer noch nicht wieder da ist. Sie ruft im Club an und läßt sich ihren Mann geben.

«Meinst du nicht, daß es langsam an der Zeit ist, nach Hause zu kommen?» fragt sie ihn.

Dieser antwortet – und er ist hörbar angetrunken: «Okay, mein lieber Hausdrachen, ich komm jetzt gleich.»

Ein bißchen merkt sie an seiner Stimme, daß ihm ihr Anruf peinlich ist. Doch hätte sie darauf verzichtet, dann, das weiß sie, könnte es sehr spät werden.

Helga schaut weiter Fernsehen, und um ca. 22 Uhr 30 kommt Hans nach Hause.

Immer wenn er betrunken ist, wird er sehr albern. Sie hört ihn im Hausflur kichern. Er steht in der Tür, gähnt herzhaft und kichert, daß es unheimlich toll gewesen sei und man noch nett gequatscht hätte. «Jetzt bin ich aber unglaublich müde», läßt er noch fallen und verschwindet direkt im Badezimmer.

Helga sieht, daß er den Gang keineswegs gerade entlangläuft. In kürzester Zeit, Hans hat sich wohl gerade nur ausgezogen und seinen Schlafanzug angezogen, kommt er aus dem Bad, drückt Helga einen Schmatz auf die Wange: «Gute Nacht, mein Liebling», dreht sich um und geht ins Schlafzimmer.

«Das war also ein herrlicher Sonntag», denkt Helga. Sie fühlt sich etwas leer und matt. Sie gähnt, erhebt sich, schaltet das Gerät ab, geht ins Badezimmer, schaut in den Spiegel und denkt: «Die ersten Falten sehe ich auch schon. Und das letzte Mal, daß ich mit meinem Mann geschlafen habe, ist auch schon ewig lange her.»

Helga ist müde, richtig erschlagen. Sie verläßt das Bad und betritt das Schlafzimmer. Hans schnarcht. Da sie weiß, daß sie bei diesem «Lärm» nicht einschlafen kann, nimmt sie die Bettdecke, geht ins Wohnzimmer und legt sich auf die Couch. Nach kurzer Zeit ist Helga eingeschlafen.

Sechster Tag

Es ist 6 Uhr 50. Das Weckerklingeln läßt Helga hochschrecken. Zuerst stolpert sie in die Küche, dann ins Badezimmer.

Um 7 Uhr ist Helga wieder im Schlafzimmer. Auch heute ist das Wetter schön. Wie jeden Morgen weckt Helga ihren Mann mit einem Kuß.

«Mein Gott, hab ich Kopfschmerzen», klagt er und öffnet mit Mühe seine Augen. «Ich brauch erst mal 'ne Aspirin.»

Helga steht auf, geht in die Küche, nimmt ein Glas, wirft eine Tablette hinein und füllt es mit Wasser. Mit diesem Glas geht sie zurück ins Schlafzimmer.

Um 7 Uhr 05 holt Helga ihren Bademantel und geht wieder in die Küche.

Hans braucht seine Socken und eine frische Unterhose.

Gegen 7 Uhr 20 klopft Helga an die Badezimmertür.

Kurze Zeit darauf ist Hans im Schlafzimmer, um das inzwischen bereitgelegte weiße Hemd, den blauen Anzug und einen passenden Schlips anzuziehen.

Mittlerweile ist das Frühstück fertig geworden.

Schweigend frühstückt Hans, stöhnt ein wenig und fängt an, die Morgenzeitung zu lesen, Helga füllt seine wortlos hochgehaltene Tasse, geht, um Björn zu wekken.

Es dauert etwas, bis Björn aufsteht und sich ins Bad begibt.

Es ist inzwischen 7 Uhr 40.

Hans verläßt grußlos das Haus.

Helga steht auf und klopft nun heftig an die Badezimmertür und treibt Björn an.

Helga packt für ihren Sohn zwei Pausenbrote in Stanniolpapier ein und legt heute eine Birne dazu. Björn ißt genauso schweigsam wie Hans sein Frühstück.

«Hast du alles für die Schule?» Björn nickt. «Das haben wir doch gestern zusammen gemacht.»

Es ist jetzt 7 Uhr 55, höchste Zeit für Björn. Er muß zur ersten Stunde in der Schule sein. Helga drückt ihm seine Schultasche in die Hand, gibt ihm einen Kuß auf die Wange. Sie winkt ihm noch kurz hinterher.

Helga geht ins Eßzimmer, ißt einen Toast und trinkt eine Tasse Kaffee. Wie immer muß sie die Zeitung neu ordnen, bevor sie zu lesen anfangen kann.

Inzwischen fallen die ersten Sonnenstrahlen durch das Wohnzimmerfenster. Helga läßt frische Luft durch die große Balkontür herein. Sie geht zurück zum Eßtisch, schlürft genüßlich ihren Kaffee und studiert in aller Ruhe die Zeitung.

Doch dann muß sie sich sputen. Björn hat heute wieder nur vier Stunden und wird gegen 12 Uhr 35 wieder zurück sein.

Um 8 Uhr 30 beendet Helga ihre Zeitungslektüre, steht auf, geht ins Bad und duscht. Schon um 9 Uhr verläßt sie das Haus, nachdem sie noch schnell den Frühstückstisch abgeräumt hat. Sie fährt mit dem Rad.

Helga kauft nach ihrem Einkaufszettel ein paar Lebensmittel ein. Beim Fleischer ist es heute relativ voll, und sie muß fast eine Viertelstunde warten. Schnell schaut sie noch in die Apotheke, um eine neue Packung Aspirin zu kaufen.

Um 10 Uhr 15 ist Helga wieder zu Hause. Die übliche Hausarbeit wartet auf sie. Auch die Zeitung bringt nichts Neues.

Bald ist es 12 Uhr 35. Björn kommt nach Hause. «Na, wie war's denn in der Schule?» Er stöhnt über die vielen Hausaufgaben.

Das Essen ist inzwischen fertig, Björn geht ins Bad, um sich die Hände zu waschen. Helga betritt den Flur. Wieder liegt die Jacke zusammengeknüllt herum,

Björns Fußspuren zeichnen sich deutlich auf dem Boden ab. «Immer wieder dasselbe», denkt Helga, «lernt er es denn nie?»

Björn schlingt das Mittagessen viel zu schnell herunter. Schon nach wenigen Minuten ist er fertig. Helga hat noch fast keinen Happen gegessen. Björn möchte vor den Hausaufgaben noch einmal kurz zu seinem Freund. Helga gibt ihm eine halbe Stunde. Björn stürmt aus dem Haus.

Jetzt hat Helga die Möglichkeit, selbst zu essen.

Nach dreißig Minuten ist Björn wieder da und setzt sich sofort an seine Hausaufgaben. Die vereinbarte Mittagsruhe geht bis 14 Uhr 30. Es ist still im Haus. Nachdem Helga den Tisch abgeräumt hat, legt sie sich aufs Bett und ist bald eingeschlafen.

Um 14 Uhr 30 kommt Björn ins elterliche Schlafzimmer. Helga wacht auf. Björn möchte seine Hausaufgaben mit ihr besprechen. Um 16 Uhr 15 ist er wieder mit seinem Freund Thorsten verabredet.

Björn hat seine Mathe- und Schreibaufgaben heute besser als am Freitag gelöst.

Schnell ist es 15 Uhr 15. Helga setzt Kaffee auf, Björn setzt sich an seine Hausarbeiten. Während der Kaffee läuft, macht Helga im Eingangsbereich Ordnung und fegt dort auch schnell noch den Boden.

Es ist ungefähr 15 Uhr 30. Helga sitzt mit ihrem Roman am Eßtisch, trinkt ihren Kaffee.

Punkt 16 Uhr 10 bringt Björn seine Hausarbeiten. «Du kannst ja schon gehen», erlaubt Helga. Björn springt in den Flur, zieht seine Jacke an und ist aus dem Haus.

Helga liest weiter.

Es ist inzwischen 16 Uhr 35 geworden, und Helga muß sich langsam an die Vorbereitungen zum Abendessen machen. Sie steht auf und geht in die Küche. Heute macht sie gefüllte Paprika. Sie mag dieses schnell zubereitete Gericht sehr gerne.

Wie im Fluge vergeht die Zeit. Um 17 Uhr hört sie den Wagen, schaut aus dem Küchenfenster, macht Hans die Tür auf, küßt ihn auf die Wange. Völlig schlaff läßt sich Hans mit der Fernbedienung in der Hand in den Sessel fallen.

Hans entspannt, Helga bereitet das Abendbrot vor. Björn muß auch bald nach Hause kommen.

Um 17 Uhr 45 geht die Tür. Helga springt auf und geht ihrem Sohn entgegen.

Björn zieht sich die Schuhe aus, stürmt ins Wohnzimmer und gibt seinem Vater einen Kuß auf die Wange. «Hallo, Vati.» Während die Familie fernsieht, wird gegessen.

Auch heute kann keiner der drei von einem besonderen Ereignis berichten. Gespannt verfolgt die ganze Familie wie immer die 19-Uhr-Nachrichten.

Das Essen ist fast beendet. Helga steht auf, um Hans seine obligatorische zweite Flasche Bier aus dem Keller zu holen.

Gegen 20 Uhr 30 schickt Helga Björn ins Bett. Björn verschwindet zu Helgas Erstaunen widerspruchslos in sein Zimmer. Nach fünf Minuten ruft sie ihrem Sohn hinterher: «Björn … Zähne putzen …!»

Die Tür knallt, das Wasser läuft, die Tür knallt. Björn liegt wieder im Bett.

Gegen 21 Uhr 45 schaut Helga noch einmal nach ihm. Er liegt im Bett und – schläft.

Laut gähnend verfolgt Hans die Nachrichtensendung. Wieder läuft Helgas Versuch, sich bei ihm einzukuscheln, ins Leere. Sie verzieht sich wieder auf ihren Zweisitzer.

Es ist 22 Uhr 10. Beide erheben sich, begeben sich ins Bad, putzen sich schweigend die Zähne, ziehen sich aus. Hans geht ins Bett. Helga schminkt sich ab.

Hans ist schon so gut wie eingeschlafen. Er dreht sich auf die andere Seite.

Helga macht das Licht aus. Wenige Augenblicke später atmet Hans ganz tief, nur Helga ist noch wach, hellwach. In letzter Zeit hat sie zunehmend den Eindruck, daß in ihrer Ehe nicht mehr soviel passiert. Eigentlich findet sie das Hausfrauendasein ziemlich langweilig. Aber wieder Arbeiten gehen ist auch nicht die Lösung.

Ein bißchen sehnsüchtig denkt sie an Charlotte Nimbus. …

Eineinhalb Stunden später gelingt es auch ihr endlich, die Augen zuzumachen.

Siebter Tag

Es ist 6 Uhr 50, und der Wecker klingelt. Mühsam beginnt Helga Wipperfürth diesen neuen Tag, geht erst in die Küche, dann ins Bad und wieder in die Küche.

Es ist 7 Uhr. Hans Wipperfürth schläft immer noch. Das Wetter ist schon wesentlich besser als neulich. Helga weckt Hans mit dem morgendlichen Kuß, reicht ihrem noch schlaftrunkenen Mann die Tasse. Er murmelt: «Guten Morgen, Liebling.» Beide schlürfen schweigend ihren Kaffee.

Um 7 Uhr 05 steht Helga auf. «So, Hans, es wird Zeit, daß du dich fertig machst.» Mit dem Bademantel bekleidet bereitet sie dann das Frühstück vor.

Zwischendurch reicht sie Hans Socken und eine frische Unterhose ins Badezimmer.

Gegen 7 Uhr 20 klopft sie an die Badezimmertür. Bald kommt Hans aus dem Bad und geht ins Schlafzimmer, zieht ein weißes Hemd, den Anzug und einen passenden Schlips an.

Das Frühstück ist fertig. Schweigend setzt sich Hans an den Tisch und verschwindet hinter der Morgenzeitung. Helga schenkt Hans Kaffee ein und weckt dann Björn.

Mittlerweile hat Hans seine morgendliche Zeitungslektüre beendet.

Es ist 7 Uhr 40. Hans steht auf, zieht seinen Mantel an und ist auch schon verschwunden.

Helga klopft heftig an die Badezimmertür, packt dann für ihren Sohn zwei Pausenbrote in Stanniolpapier ein, legt heute einen Schokoriegel dazu.

Björn kommt zum Frühstück, greift seinen Toast und ißt schweigsam.

«Hast du alles für die Schule?» Björn nickt.

Es ist jetzt 7 Uhr 55 und höchste Zeit für Björn, das Haus zu verlassen, denn auch heute muß er zur ersten Stunde in der Schule sein. Helga drückt ihrem Sprößling die gepackte Schultasche in die Hand, küßt ihn auf die Wange, schiebt ihn aus der Haustür und winkt ihm hinterher.

Nachdem die Tür ins Schloß gefallen ist, schlendert Helga in das Eßzimmer und kann nun selbst in Ruhe frühstücken und Zeitung lesen.

Die ersten Sonnenstrahlen fallen durch das Wohnzimmerfenster. Durch die geöffnete große Balkontür kommt etwas Luft ins Haus.

Helga genießt die Stille, schlürft genüßlich ihren Kaffee und vertieft sich in die Zeitung.

Um 8 Uhr 30 geht Helga ins Bad und duscht erst einmal ausgiebig. Schon um 9 Uhr verläßt sie in Bluse und Jeans das Haus. Zuvor räumt sie wie gewohnt noch den Frühstückstisch ab. Helga schwingt sich aufs Rad.

Sie weiß, was sie heute kochen wird, und hat ihre Auswahl im Supermarkt schnell beendet. Gegen 9 Uhr 20 ist sie auf dem Weg zum Fleischer, der ja nur fünf Fahrradminuten entfernt ist.

Um 9 Uhr 55 ist Helga wieder zu Hause.

Und die Hausarbeit wartet. Die Waschmaschine und die Spülmaschine müssen gefüllt und in Gang gesetzt werden. Dann bezieht Helga die Betten frisch. Sie wirft noch einen Blick in die Zeitung. Sie findet dort auch heute nichts Neues.

So schreitet die Zeit voran, und es ist 12 Uhr 35.

Björn kommt durch die Tür, entledigt sich seiner Jacke und der leidigen Schultasche. «Na, wie war's denn in der Schule?» Er stöhnt.

Das Essen ist fertig.

Björn wäscht sich die Hände.

Helga hebt Björns Jacke auf. Wieder hat er seine schmutzigen Schuhe nicht ausgezogen. Sie erwartet, daß er dreckige Schuhe gefälligst ausziehen möge und teilt ihrem Sohn das auch deutlich mit.

Björn sagt: «Oh, ja.» Er kommt zu Tisch und schlingt das Essen in sich hinein. Schon nach wenigen Minuten ist er fertig.

Helga hat noch fast keinen Happen gegessen.

Björn möchte vor den Hausaufgaben noch einmal kurz zu seinem Freund gehen, der ohnedies vor der Tür auf ihn warten würde.

Helga sagt: «In zwanzig Minuten sehe ich dich an deinem Schreibtisch.»

Björn stürmt aus dem Haus.

Jetzt hat Helga die Möglichkeit, selbst zu essen.

Nach 25 Minuten kommt Björn wieder. Sie vereinbaren, daß bis um 14 Uhr 15 Mittagsruhe sei.

Björn trollt sich in sein Zimmer an seine Hausaufgaben.

Helga räumt ab und verschwindet ins Elternschlafzimmer. Kaum hat sie sich ausgestreckt, ist sie auch schon eingeschlafen.

Um 14 Uhr 15 weckt Björn Helga und setzt sich auf die Bettkante. Um kurz nach 16 Uhr hat er eine Verabredung mit seinem Freund Thorsten. Daher möchte er die Hausaufgaben mit ihr besprechen.

Helga folgt Björn in sein Zimmer. Björn hatte wieder ein paar Matheaufgaben zu erledigen. Mathe ist für Björn kein Problem. Außerdem macht ja Hans mit seinem Sohn immer mathematische Kreativspiele.

Schnell ist es 15 Uhr. Helga setzt Kaffee auf, und Björn macht seine Hausarbeiten.

Während der Kaffee durchläuft, gießt Helga die Blumen und räumt die Schuhe in den Schuhschrank.

Ungefähr um 15 Uhr 20 setzt sich Helga mit ihrem Kaffee und einem Buch an den Eßtisch.

Um Punkt 16 Uhr meldet sich Björn. Er ist mit den Hausarbeiten fertig. Er knallt ihr zwei Hefte auf den Tisch. Er darf gehen.

Björn zieht sich seine Jacke an und stürzt aus dem Haus.

Helga liest weiter.

Es ist inzwischen 16 Uhr 30 geworden, und Helga muß langsam mit den Essensvorbereitungen beginnen. Sie steht auf und geht in die Küche. Heute gibt es Käsespätzle.

Wie im Fluge vergeht die Zeit, und es ist kurz vor 17 Uhr.

Hans fährt vor, Helga sieht ihn durch das Küchenfenster und winkt ihm zu. Sie macht die Tür auf und küßt ihn zur Begrüßung auf die Wange.

Schlaff befreit er sich vom Mantel, den Schuhen und seinem «Kulturstrick» und hat schon die Fernbedienung in der Hand.

Hans entspannt sich, Helga bereitet das Abendbrot zu.

«Wo ist eigentlich der Björn?» fragt ihr Mann. «Bei Thorsten», antwortet Helga. Aber langsam wäre es an der Zeit, daß er nach Hause käme. Helga wirft ab und zu einen Blick auf den Bildschirm.

Es ist 17 Uhr 35. Björn kommt nach Hause. Helga geht ihrem Sohn entgegen.

Björn zieht sich die Schuhe aus, stürmt ins Wohnzimmer und gibt seinem Vater einen Kuß auf die Wange, sagt: «Hallo, Vati», und konzentriert sich sofort auf das Fernsehprogramm. Helga setzt sich links neben den Apparat, und während die Familie fernsieht, wird gegessen.

Auch heute hat sich nichts Besonderes ereignet. Der Fernseher bestimmt die Unterhaltung.

Gespannt verfolgt die ganze Familie die 19-Uhr-Nachrichten.

Das Essen ist so gut wie beendet, als Helga sich erhebt, um ihrem Mann noch ein Bier zu holen.

Gegen 20 Uhr 30 ist es Zeit für Björn, schlafen zu gehen.

Er brummelt, steht auf, gibt dem Vater einen Kuß auf die Wange und verschwindet in sein Zimmer.

Nach fünf Minuten ruft Helga ihrem Sohn hinterher «Björn... Zähne putzen...»

Die Tür knallt, das Wasser läuft, die Tür knallt. Björn hat sich seine Zähne geputzt und liegt wieder im Bett.

Gegen 21 Uhr 45, nicht anders als sonst, schaut Helga noch einmal nach ihrem Sohn. Dieser liegt im Bett, hat seinen Walkman auf und – schläft.

Sie nimmt ihm die Kopfhörer ab, zieht die Decke hoch, gibt ihm einen Kuß, macht das Licht aus und verläßt auf leisen Sohlen das Kinderzimmer.

Laut gähnend stiert Hans auf den Bildschirm.

Helga setzt sich rechts neben ihren Ehemann und versucht, einmal mehr, sich einzukuscheln.

Doch Hans steht nicht auf Zärtlichkeit.

Helga landet also wieder auf ihrem Zweisitzer.

Um 22 Uhr 10 fordert Hans Helga auf: «Komm, mein Schatz, laß uns ins Bett gehen.» Sie machen ihre allabendliche Runde, gehen ins Bad, putzen sich schweigend die Zähne, ziehen sich aus, Hans geht ins Bett. Helga schminkt sich noch ab.

Als sie ins Schlafzimmer kommt, ist Hans schon so gut wie eingeschlafen. Ihren Kuschelversuch beantwortet Hans damit, daß er sich auf die andere Seite dreht.

«Mein Gott, ist der unromantisch geworden», denkt Helga frustriert und macht das Licht aus.

Wenige Augenblicke später ist Hans eingeschlafen.

Nur Helga ist noch wach. Sie ist eigentlich hellwach. Ziemlich vieles geht ihr durch den Kopf. – Erst eineinhalb Stunden später gelingt es auch ihr, die Augen zuzumachen.

Achter Tag

Es ist 6 Uhr 50. Der klingelt. Helga steht auf Etwas niedergeschlagen in die Küche die Kaffeemaschine an. Verschlafen ins Badezimmer. Nach ein paar Handvoll ins Gesicht wankt in die stützt sich wartet Tassen und geht zurück ins Hans

Sie stellt die und zieht den hoch. Heute ist es schon wesentlich als gestern, es ist so dunstig. Sie ans Bett, drückt Hans einen auf Zeit zum 7 Uhr. Hans etwas in seinen ein bißchen unwirsch. Jetzt Helga zur und sie Hans. Dieser dreht sich um und

Er: «Guten Morgen.» Beide schweigend Um 7 Uhr 05 Helga auf «So es wird daß dich » Helga ins Bad über und geht in die um für und ihren Sohn Björn vorzubereiten Hans

Badezimmer gegangen. huscht kurz hinter ihm hinein, um ihm seine und eine Unterhose Gegen 7 Uhr 20 sie an die und sagt: «Hans es wird Zeit.» aus dem und geht ins Helga hat dort ein Hemd, den und einen passenden aus dem Schrank Hans zieht sich an. fertig geworden, und geht in das das neben der liegt. Schweigend er sich und fängt an, die zu studieren hält seine Kaffeetasse hoch und dann ins Kinderzimmer um zu wecken. Björn ist wie sein murmelt Zeug und weiter zu schlafen. Nachhaltiges sorgt dafür, daß dieser sich und ebenfalls ins Bad begibt. geht zurück ins und dort, wie Hans den der Zeitung also mit der fertig ist. Es ist inzwischen Hans steht auf zieht sich seinen Mantel und schon ist er auch höchste Zeit muß um 8 Uhr 15 anfangen Helga nun heftig an die und treibt den an. ruft mürrisch: « komm schon.» Die Tür geht in sein In der hat Helga zwei Pausenbrote zu und in einzupacken. kommt mit Turnschuhen, und Pullover zum greift seinen und genauso wie Hans. Helga fragt: «Hast alles für ?» Björn nickt und in den Toast

Es ist jetzt 7 Uhr 55 und höchste für Björn, das denn die erste beginnt um 8 Uhr 10. Die ist fertig gepackt steckt die beiden hinein, drückt einen Kuß auf die gibt ihm die sorgt dafür, daß er die Jacke anzieht und ihren Sohn die zu ist, geht Helga in das ißt und trinkt eine Tasse Hans hat die Sie sie neu und beginnt lesen. Inzwischen die ersten Wohnzimmerfenster steht noch geht zur großen die führt und die Tür, damit etwas ins Haus kommt. Sie zurück zum und genüßlich ihren und die auch für ist die Zeit denn wieder nur und wird gegen wieder zurück sein.

Um 8 Uhr 30 hat die Zeitung Helga steht auf ins und erst einmal ausgiebig. Ihre sportliche ist und schon um Uhr mit einer bekleidet und das Haus Bevor sie geht sie den Frühstückstisch ab. hat es nicht weit. Sie mit dem eher ziellos die und ein paar ein. Ihr ist eingefallen, was sie heute kochen Helga beendet ihre und zur Kasse. Gegen 9 Uhr 20 ist sie fertig Jetzt sie zum 9 Uhr 55 ist wieder zu Jetzt ist es die Hausarbeit zu Helga geht ins schaut in die sortiert geht in den und stellt Waschmaschine die und setzt die Maschine in Sie wirft noch einen in die Sie findet, daß nichts in der Zeitung So schreitet die voran und ist Uhr. Björn durch die sie ihn im er zieht sich seine aus, sie in die kommt herein und die Schultasche vor die «Na, wie denn der?»

Er stöhnt, daß er Hausaufgaben aufbekommen und daß man – Helga hat das Essen fertig sagt, er möge ins gehen um Hände geht in den hebt die auf und mit fest, daß Björn Schuhen ins gelaufen ist. Sie ihm zu, daß sie wenn er Schuhe habe, er diese bitte ausziehen möge. sagt: Nachdem die Hände hat, kommt er und nach wenigen ist er fertig. hat noch fast Happen Björn steht ob er vor den noch kurz zu

Freund darf, der   vor der Tür auf ihn
Björn stürmt   aus dem   Jetzt hat   die
      zu essen. Nach   kommt Björn   und
Helga   ihm, daß es   an die   gehe.
Sie   mit Björn, daß   bis 14 Uhr   sei.
Björn   sich in sein   es ist nichts mehr
zu   Helga   jetzt in die   nimmt einen
      des   mit, kommt   einmal   räumt
ab und

Helga   auf und   mit Björn in   Zimmer.
Dort   sie alle   Björn hatte wieder   Schreib-
übung zu   Heute hat er sie   als gestern
gelöst.   ist es   Uhr und   hat Kaffeedurst.
Sie setzt   auf, und   macht sich an   seine
Hausarbeiten.   der Kaffee   Helga   die
Blumen zu   und die   Der Kaffee ist   es ist
ungefähr 15 Uhr 15   setzt sich an den   und liest
      weiter.   Sie   Simmel sehr gerne.
Punkt   meldet sich   um ihr   daß er
mit den   fertig sei   Björn
springt   den zieht sich seine   an und ist
dem   Helga liest weiter.
Es ist   16 Uhr 30 geworden und   denkt,
daß sie   anfangen muß, etwas zum   zu
machen. Sie   in die Küche   macht sie   Die

mag er gern. Sie mag auch sehr schnell zubereitet.

Wie im vergeht die und es ist 17 Hans vorfahren. Sie aus dem und winkt zu. Sie macht die auf und gibt zur Begrüßung ein auf die Wange. Schlaff er den auf, öffnet seine befreit sich vom und Fernsehgerät an.

Während sich entspannt Helga das Abendbrot und Helga daß mit Thorsten würde, aber es wäre an der Zeit, daß auch nach käme wirft ab zu einen Blick in das Es ist 17 Uhr 35 nach Hause. Als die Tür hört, springt sie empor und ihrem Sohn in aus. Helga grinst. Björn in das und gibt Vater einen Kuß auf die «Hallo, Vati, heute völlig?» macht ihn an. Björn sich sofort auf das Helga setzt links und während fernsieht, wird

Helga antwortet zunächst nicht. Pause sie zurück: «Nein, nichts.» Es folgen die Nachrichten die die ganze gespannt anschaut. Das Essen ist und Helga fragt ob er noch ein wolle. Dieser und Helga um Gegen 20 Uhr 30 Helga Björn und weist darauf hin, daß es nunmehr sei, zu gehen. Vater einen verschwindet in Zimmer.

Wipperfürth die Tür knallen, das laufen, die Björn hat Zähne und liegt im Gegen 21 Uhr 45 schaut Helga Dieser im Bett, hat seinen auf und – schläft. Sie ihm die Kopfhörer zieht die bis zu seinem aus und verläßt auf leisen das Kinderzimmer.

setzt sich Ehemann und sich anzukuscheln. steht Helga versteht das und setzt wieder auf ihren 22 Uhr

«Komm, mein laß uns ins gehen.» Beide ins Bad sich schweigend Zähne geht ins Bett Als sie ins kommt, ist Hans eingeschlafen. Sie versucht sich Hans Seite dreht. «Dann nicht.» Helga und macht aus. Wenige später ist eingeschlafen, nur noch wach – ist hellwach geht ihr durch den Stunden später es auch ihr, die zuzumachen.

1095. Tag

Heute lernt Helga Wipperfürth ihren neuen Tennislehrer Hans-Werner kennen…

zu zweit

«Die Liebe hat nun einmal dieses Übel, daß Krieg und Frieden immer wechseln.»
Horaz, Satiren

Lonnie Barbach
Mehr Lust *Gemeinsame Freude an der Liebe*
(rororo sachbuch 8721)

Cheryl Benard / Edit Schlaffer
Männer *Eine Gebrauchsanweisung für Frauen*
(rororo sachbuch 8820)
Im Dschungel der Gefühle *Expedition in die Niederungen der Leidenschaft*
(rororo sachbuch 8783)

Barbara Gordon
Jennifer-Fieber *Der Männertraum vom jungen Glück*
(rororo sachbuch 9159)

Marty Klein
Über Sex reden *Heimliche Wünsche, verschwiegene Ängste*
(rororo sachbuch 8824)

Suzan Lewis / Cary L. Cooper
Karriere Paare *Mehr Zeit für uns*
(rororo sachbuch 8858)

Tina Tessina
In guten wie in schlechten Tagen
Anregungen für homosexuelle Paare
(rororo sachbuch 8782)
Dieses einfühlsame Buch trägt den besonderen Möglichkeiten und Problemen homosexueller wie lesbischer Beziehungen Rechnung und gibt praktische Anregungen vom ersten Flirt bis zur Goldenen Hochzeit.

rororo sachbuch

Diane Vaughan
Wenn Liebe keine Zukunft hat
Stationen und Strategien der Trennung
(rororo sachbuch 8818)

Judith Sills
Liebe nach dem ersten Blick
Handbuch für Romantiker
(rororo sachbuch 9134)
«Dies ist kein Buch über hoffnungslos unglückliche Beziehungen, sondern eines über potentiell glückliche.»

Ethel S. Pearson
Lust auf Liebe *Die Wiederentdeckung des romantischen Gefühls*
(rororo sachbuch 9304)

Béatrice Hecht-El Minshawi
Zwei Welten, eine Liebe *Leben mit Partnern aus anderen Kulturen*
(rororo sachbuch 9141)

Das gesamte Programm der Taschenbuchreihe «zu zweit» finden Sie in der Rowohlt Revue. Jedes Vierteljahr neu. Kostenlos in Ihrer Buchhandlung.

3404/1

zu zweit

Ute Auhagen-Stephanos
Wenn die Seele nein sagt *Vom Mythos der Unfruchtbarkeit*
(rororo sachbuch 9378)

Elena Gianini Belotti
Liebe zählt die Jahre nicht *Wenn Frauen jüngere Männer lieben*
(rororo sachbuch 8735)

James L. Creighton
Schlag nicht die Türe zu *Konflikte aushalten lernen*
(rororo sachbuch 9194)

Steven Farmer
Endlich lieben können *Gefühlstherapie für erwachsene Kinder aus Krisenfamilien*
(rororo sachbuch 9168)
Kinder aus Krisenfamilien können ihre Gefühle nur schwer zeigen, haben das Bedürfnis, ihre Partner zu kontrollieren, und scheuen sich vor Intimität wie vor Konflikten. Der Autor beschreibt die besonderen Probleme und zeigt Lösungswege auf.

Elisabeth Flitner / Renate Valtin (Hg.)
Dritte im Bunde: die Geliebte
(rororo sachbuch 9376)

Marina Gambaroff
Sag mir, wie sehr liebst Du mich
Frauen über Männer
(rororo sachbuch 8817)
»Wenn in einer Beziehung das Bedürfnis, "ich liebe dich" zu sagen oder "liebst du mich?" zu fragen, immer größer wird, dann hat es schon irgendwelche Risse gegeben.«

rororo sachbuch

Isabelle Grellet / Caroline Kruse
Liebeserklärungen
(rororo sachbuch 8880)

Ruth Kuntz-Brunner / Inge Nordhoff
Heute bitte nicht *Keine Lust auf Sex - ein alltägliches Gefühl*
(rororo sachbuch 9189)

Karin Mönkemeyer / Inge Nordhoff
Ein platonisches Verhältnis
Freundschaften zwischen Männern und Frauen
(rororo sachbuch 8749)

Dorothee Schmitz-Köster
Liebe auf Distanz *Getrennt zusammen leben*
(rororo sachbuch 8816)

3404/1a

Mit Kindern leben

Schwangerschaft, Geburt und die ersten Lebensjahre.

Ines Albrecht-Engel (Hg.)
Geburtsvorbereitung *Handbuch für werdende Mütter und Väter. Empfohlen von der Gesellschaft für Geburtsvorbereitung*
(rororo sachbuch 9392)

Hermann Bullinger
Wenn Männer Väter werden *Schwangerschaft, Geburt und die Zeit danach im Erleben von Männern*
(rororo sachbuch 7751)
Wenn Paare Eltern werden *Die Beziehung zwischen Frau und Mann nach der Geburt des Kindes*
(rororo sachbuch 8096)

Irene Dalichow
Sanfte Massagen für Babys, Kinder und Eltern *Liebe, die durch die Haut geht*
(rororo sachbuch 8597)

Ulrich Diekmeyer
Das Elternbuch 1 - 6
(rororo sachbuch 9120 - 9125)

Sabine Friedrich / Volker Friebel
Einschlafen, Durchschlafen, Ausschlafen *Ruhigere Nächte für Eltern und Kinder*
(rororo sachbuch 9397)

Hilsberg / Scheilke / Schön
Schwangerschaft, Geburt und erstes Lebensjahr *Ein Begleiter für werdende Eltern*
(rororo sachbuch 8519)

Cornelia von Hoerner-Nitsch
Das Schmusebuch *Zärtliche Spiele für Babys, Kinder und Eltern*
(rororo sachbuch 8531)

3413/5

rororo sachbuch

Inge Kelm-Kahl
Hausgeburt - besser für Mutter und Kind *Die neuen Erkenntnisse, die richtige Vorbereitung*
(rororo sachbuch 8762)

C. Lauterbour / M. Lehners / C. Thommes
Stillen: Ein Handbuch von A-Z
(rororo sachbuch 9191)

Anne-Bärbel Münchmeier
Spielen mit kleinen Kindern und Babys *Ideen - Anregungen - Spielzeug im Test*
(rororo sachbuch 7900)

Deborah Jackson
Drei in einem Bett *Schlafen mit Kind*
(rororo sachbuch 8766)

J. Steidinger / K. J. Uthicke
Frühgeborene *Von Babys, die nicht warten können*
(rororo sachbuch 8504)

Ein Gesamtverzeichnis der Reihe *mit kindern leben* finden Sie in der *Rowohlt Revue*. Jedes Vierteljahr neu. Kostenlos in Ihrer Buchhandlung.